LESPIGNAN

ETUDE HISTORIQUE & ARCHÉOLOGIQUE

Par l'Abbé Th. DURAND

CURÉ DE SAINT-PIERRE, A LODÈVE

BÉZIERS

IMPRIMERIE GÉNÉRALE, J. SAPTE

9, AVENUE DE PÉZENAS ET AVENUE DE BÉDARIEUX, 10

—

1895

LESPIGNAN

ÉTUDE HISTORIQUE ET ARCHÉOLOGIQUE

LESPIGNAN

ETUDE HISTORIQUE & ARCHÉOLOGIQUE

Par l'Abbé Th. DURAND

CURÉ DE SAINT-PIERRE, A LODÈVE

BÉZIERS

IMPRIMERIE GÉNÉRALE. J. SAPTE
9, AVENUE DE PÉZENAS ET AVENUE DE BÉDARIEUX, 10

1895

ÉVÊCHÉ

DE

MONTPELLIER

—oxo—

Montpellier, le 5 Août 1895

CHER MONSIEUR LE CURÉ,

J'ai parcouru avec le plus vif intérêt la monographie que vous avez publiée sous ce titre : LESPIGNAN, ETUDE HISTORIQUE ET ARCHÉOLOGIQUE. Je vous félicite d'avoir ainsi, fidèle aux traditions que vous ont léguées vos oncles vénérés, consacré aux travaux de l'esprit les loisirs de votre ministère pastoral.

Vos anciens paroissiens vous sauront gré de leur avoir dédié le livre qui renferme l'histoire de leur cité, depuis la période celtique jusqu'à l'époque contemporaine.

Agréez, cher Monsieur le Curé, l'assurance de mes sentiments affectueux et dévoués en N. S.

† Fr. MARIE-ANATOLE
Évêque de Montpellier

AUX HABITANTS DE LESPIGNAN

Les franches et cordiales relations, qu'ensemble nous avons eues à l'occasion de mon ministère pastoral, m'ont donné, parmi vous, un sympathique droit de cité dont je suis heureux de vous payer, aujour-d'hui, le modeste mais sincère tribut, en vous dédiant un livre qui vous appartient puisqu'il renferme l'histoire passée et présente de votre pays; il est donc encore plus le vôtre, qu'il n'est le mien ; agréez-en le respectueux hommage.

Si cet hommage s'adresse sans restriction à tous les habitan's, à plus forte raison doit-il être offert au premier citoyen de la commune, M. le maire Hippolyte Bernard qui a encouragé notre œuvre non seulement par ses paroles, mais encore par ses actes, en nous fournissant, avec une courtoisie aussi bienveillante qu'intelligente, de précieux documents, d'utiles renseignements et de judicieuses observations qui nous ont puissamment aidé dans notre étude monographique.

Qu'il nous soit donc permis de lui exprimer publiquement, avec l'expression la plus vive de nos remerciements, celle non moins profonde de notre gratitude.

Th. D.

LESPIGNAN [*]

ETUDE HISTORIQUE & ARCHÉOLOGIQUE

CHAPITRE PREMIER

ÉTYMOLOGIE PRÉSUMÉE

I. — Le village de Lespignan doit peut-être son nom au terrain de ces parages dont la plus grande partie (sauf la plaine qui était un anse d'abord et une espèce de marais ensuite) consistait en coteaux, *Pechs*, hérissés de buissons, ronces, épines, — *spinæ* en latin, *espigno* en patois ; de là, *Espigna, Espinignan, Espignan,* enfin *Lespignan,* tous noms différemment orthographiés qu'on trouve, en divers temps, dans les archives de la commune.

[*] Commune du second canton et arrondissement de Béziers, département de l'Hérault.

II. — Bâti au dessus du niveau des falaises de l'étang, le village de Lespignan pourrait aussi tirer son nom de l'emplacement qu'il occupe sur l'étang, du mot grec επι et du mot latin *stagnum*, transformé maintenant en un seul mot : *Lespignan*, si l'on pouvait associer un mot grec et un mot latin (Note de M. Bernard, maire.)

III. — Le mot *Lespignan* pourrait venir aussi d'un certain *Lepinus*, général ou gouverneur romain, dans la Gaule narbonnaise, d'après la tradition. La plaine, avons-nous dit, était jadis, une anse où pouvaient s'abriter quelques flotilles romaines. Ce *Lepinus* aurait fait sa résidence dans la ville de *Vivios*, là où l'on a trouvé, comme nous le dirons plus bas, des débris intéressants d'un magnifique palais, et aurait donné son nom à l'agglomération de quelques maisons construites non loin de *Vivios*, à l'endroit où est le village de Lespignan. De là *Lepinus, Lepina, Lespina, Lespinhan*, enfin *Lespignan*, d'après les *Commentaires de César* et l'*Histoire du Languedoc* par Dom Vaissette.

Après avoir donné l'étymologie incertaine du mot *Lespignan* nous allons tracer la statistique de la commune de Lespignan, ancienne et moderne.

Armoiries de Lespignan : « De sinople à un sautoir losangé d'or et d'azur. »

CHAPITRE II

NOTIONS GENERALES

Topographie. — Ruisseaux, — Fontaines. — Sources. — Plaines. —
Vallées. — Etangs. — Montagnes. — Coteaux. — Plateaux. —
Rocs. — Caps. — Iles. — Ponts. — Chemins principaux. — Vivios.
Ville-Longue.

I. Topographie. — On n'a aucun renseignement précis sur la fondation de Lespignan. Toutefois on peut conjecturer que l'agrégation de quelques familles, attirées par la commodité de ce lieu pour la chasse et surtout pour la pêche, ou bien par le besoin de secours, vint s'abriter sous la protection des murs du *Castellum*, forma d'abord un hameau réuni, puis un petit bourg, enfin un village.

Le terrain de Lespignan, qui est immense et en partie argileux, pierreux et salé, est borné à l'est, par Vendres; au sud, par Fleury; à l'ouest, par Nissan; au nord, par Colombiers et Béziers.

Son vignoble est d'une superficie de 2.250 hectares. La production annuelle de vins de toutes qualités est de 80.000 hectolitres.

Avant 1793, la population était de 845 âmes, d'après plusieurs témoignages et surtout l'*ordo* ecclésiastique sous

Mgr. de Nicolaï, évêque de Béziers, dans lequel il est dit : *Lespignan numerus communicantium* : (640) c'est-à-dire, sur les paroissiens des deux sexes, comme il compte sur les archives civiles-ecclésiastiques, excepté les enfants qui n'avaient pas encore fait leur première communion et qui pouvaient former le nombre de 200.

La population actuelle officielle est de 2.134 habitants, sans compter la population flottante, au recensement du 31 décembre de 1890. (Notes de M. Bernard, maire)

La rivière de l'Aude se jetait anciennement dans la Méditerranée par Narbonne et on se servait de ses eaux pour entourer les remparts de cette ville, en temps de guerre. Plus tard, séparant les deux départements de l'Aude et de l'Hérault, elle alla, comme aujourd'hui, sans confluent, se jeter dans la mer à près de deux lieues des murs de Lespignan. Enfin en 1775, par le nouveau lit qu'on donna à cette rivière, en delà, depuis la commune de Coursan (Aude) presque jusqu'à son embouchure, elle a laissé en deça, des terres entre le nouveau et l'ancien lit. Celui-ci, quoique devenu terrain labourable a conservé le nom d'*Aude-Vieux* et a toujours appartenu au département de l'Aude. On dévia son cours sur une longueur de 4.500 mètres pour le jeter dans l'*Anse* qui occupait les plaines actuellement existantes, depuis la Méditerranée jusqu'aux premières collines du département de l'Aude et de l'Hérault.

Depuis ces redressements, les communes de Nissan, Lespignan et Vendres se trouvèrent privées des bonifications que leur procuraient les diverses sinuosités de l'ancien lit, et ne reçurent, dès lors, des inondations que les eaux claires et chaudes de l'étang de Capestang, qui laissent sur la surface de la terre les sels qu'elles contiennent.

Soit cette déviation, soit la fortification des terrains par une plantation de tamarins, qui en a rehaussé le fond, on a par atterrissement fait disparaître les eaux qui couvraient ces belles plaines, sauf quelques petits étangs d'environ 2.000 hectares qui existaient encore en 1759 et pour le colmatage desquels diverses études furent faites en 1780, par ordre des états généraux du Languedoc, sous la présidence de Mgr. l'Archevêque et Primat de Narbonne. Alors on élargit le canal de Lespignan et on le prolongea de 1.280 toises pour porter ses eaux dans l'étang de Vendres. Cet élargissement produisit, à la vérité, des bonifications sensibles, mais insuffisantes.

Ce canal s'étant encombré, ainsi que le *Vieux lit de l'Aude*, toutes les eaux s'écoulèrent dans l'étang de Vendres. Comme, sur une longueur d'environ 8.000 mètres et une pente de 3 mètres, elles ne rencontraient d'autre obstacle que le coteau de *Clots-de-Nières*, qui n'abrite qu'une partie du territoire de Lespignan, elles exerçaient les plus grands ravages sur leur passage. En 1824, sur le rapport de M. d'Hauteroche, le conseil général recommande à M. le ministre de l'intérieur le creusement du *Vieux-lit-de-l'Aude*, mais sans résultat, au double détriment de l'agriculture et de la salubrité.

Il convient de mentionner aussi le canal dit de *Cuxac* (Aude) qui, partant de cette localité, doit servir pour la submersion des immenses et riches vignobles de Coursan, de Salles-d'Aude, de Fleury et de la plaine de Lespignan. Comme pour toutes choses d'ici-bas, les uns préconisent les bienfaits présents et futurs de ce canal, les autres se plaignent de ses effets. Pour nous, qui sommes absolument incompétents en cette matière, nous en relatons simplement l'existence.

II. RUISSEAUX. — Il y en a trois principaux qui changent de nom de distance en distance. L'un prend sa source au nord-est du village. Après avoir parcouru les bas fonds, par le moyen d'aqueducs, qui commencent dans le terrain bas, où était autrefois un étang entre les métairies de St-Paul et de St-Aubin, il vient se jeter au pied d'une colline appelée la *Dure*, à cause de ce terrain, prend ce nom et le quitte pour prendre celui de la *Mouline*, quand il arrive à un endroit où était jadis un moulin, et enfin prend le nom de ruisseau de la *Madeleine*, parce qu'il longe l'emplacement d'une ancienne église dédiée à cette sainte, au nord.

L'autre, nommé ruisseau de *Rieux*, qui est alimenté soit par les eaux pluviales, soit par deux petits ruisseaux qui viennent des limites du terrain de Lespignan, au nord, l'un appelé les *Planels* qui prend ensuite le nom de *Canac* jusqu'au confluent ; l'autre dit ruisseau de la *Tine* qui vient de la métairie de la *Coumolette*, puis, se joint au ruisseau de *Canac* et prend avec ce dernier le nom de ruisseau de *Rieux*.

Un troisième nommé ruisseau de *Malaïneïs*, qui vient de l'ancienne métairie *Mercadier* et reçoit les écoulements des collines et des terres humides.

III. FONTAINES. — La fontaine attenant au *Parc* est aussi ancienne que le village lui-même.

La *Gloriette*, sur le chemin de Nissan.

Au sud-ouest, au bas du quartier *St-Pierre*, la fontaine ou puits creusé à la croix *de Poussot*.

Les fontaines de la *Promenade*, de la *Placette*, du *Château*, dite de *Vidal* ou de la *Brèche*.

Toutes ces fontaines, dont l'eau est abondante et excellente, sont dans l'enceinte du village et réunies à un très grand nombre de puits. Elles sont plus que suffisantes pour le pays.

IV. Sources. — Beaucoup de sources hors des murs.

A l'est, la source des *Moulins-à-Vent*, celle d'*Aigues-Vives* sortant d'un tas de pierres, la source très abondante du jardin de *Viguier*, appelée *Font de Nisse* ou de *Lisse*.

Au nord : la source sortant du *Pech* de la *Poure*, celle du ruisseau de la *Dure* qui est la plus abondante.

Au sud-ouest, la source de *Beccus*, du nom de son propriétaire, celle des *Laürés*, le long du chemin de la plaine. Ce nom lui fut peut-être donné à cause de la continuation des pierres jusqu'à la métairie *Clots-de-Nières*, comme on appelait *Laürés*, l'ensemble des cellules séparées, éparses çà et là des anciens monastères d'Orient.

A l'ouest, la source du *Roc-del-Mourré*, le puits creusé dans le trou ou bassin de *Clots-de-Nières*.

Au sud, la source très abondante de *Valère* sortant du roc du Pont des Bergers.

Ces trois dernières sources ne tarissent jamais.

Nous croyons devoir signaler, ici, l'existence de sources aux eaux sulfureuses, ferrugineuses et gazeuses, non captées et inexploitées, qui jaillissent dans les environs de Lespignan : trois dans le domaine de *Pech-Blanc*, propriété de M. le comte Edouard de Massia, une dans celui du *Nègre*, propriété de M. François Mouret. Ces diverses eaux sont une bonne fortune pour les habitants qui ne manquent pas d'y avoir recours pour le soulagement et la guérison de diverses maladies et infirmités.

V. PLAINES ET VALLÉES. — On en trouve plusieurs qui prennent leur nom du terrain où elles sont situées et en changent de distance en distance.

D'abord la *Plaine* proprement dite est en partie salée, ce qui fait qu'elle produit autant de soude et de salicor que de céréales, malgré les canaux d'écoulement et d'irrigation.

La vallée des *Savalsès*, celle de la *Madeleine*, de *Las Prados*, du *Parc*, de la *Mouna*, la *Combe d'Alexis*, dans le terrain d'une des métairies de *St-Aubin*.

VI. ETANGS. — Autrefois la plaine de Lespignan qui faisait et fait encore suite à celles de Coursan et de Narbonne était une partie de mer. Celle-ci se retirant, ces terres sont demeurées incultes ou devenues étangs ou marais jusqu'en 1793. Par le moyen d'inondations très limoneuses et très fréquentes de la rivière d'Aude, elles ont été propres à la culture et par une chaussée bien disposée, faite en 1858, promettaient et ont donné d'abondantes récoltes, grâce à l'intelligente activité des habitants dirigée par l'estimable maire de cette époque, M. Bonnal. Dans le fond où sont maintenant d'excellentes terres traversées par le chemin de Lespignan à Béziers était autrefois un petit étang nommé en langue vulgaire *l'Estang catet*. Il en est de même du terrain bas entre les métairies de St-Pôl et de St-Aubin, où était jadis un étang d'égale dimension.

L'extraction de la pierre de *Clots-de-Nières* a fait un grand creux ou bassin qui forme un tout petit étang.

VII. MONTAGNES. — Il y a plusieurs petites montagnes, la plupart cultivées, faisant suite aux montagnes de Nissan, à l'ouest, et formant une chaîne. A leur pied sont une fabrique de plâtre et de superbes prairies ainsi que la partie de la belle plaine de Lespignan appelée *La Matte*.

VIII. Coteaux. — Nous pouvons signaler un grand nombre de coteaux ou *Pechs* : Le *Pech-Majou*, de Major, le plus haut.

Le *Pech Agut* ou Pech Haüc, dont l'étymologie pourrait être *acutus*, pointu.

Le *Pech de l'Œuvre* ainsi désigné parce que, avant 1793, il appartenait à l'église de Lespignan. Tous trois sont cultivés en partie, et presque entièrement plantés de vignes.

Le Pech très haut de *Malevieille* faisant suite aux plateaux des *Moulins* vers l'est et aux limites de Lespignan à Vendres.

Le Pech des *Trois Pierres*, ainsi nommé de la réunion de trois grosses pierres qui gisaient là de temps immémorial, à l'est.

Le Pech *Piquet*, qui, comme celui de l'Œuvre, est très favorable à l'affût des canards ; ce nom vient probablement de la situation avantageuse au chasseur qui est prêt à marcher ou à tirer, comme un soldat qui est de piquet.

Le Pech *Horré*, sans doute du mot *abhorré*, maudit, à cause de la qualité mauvaise et stérile du terrain ; *horré*, mot usité dans les pays pour signifier laid.

Les Pechs de la *Tuilerie*, à cause de fragments de tuiles trouvés çà et là ; de *Malamort*, au nord-ouest, dont l'étymologie peut venir de quelques morts funestes arrivées en ce lieu ; de la *Pourre*, au nord ; de *Garrigues*, et d'autres non moins importants. Le terrain de Lespignan est hérissé de coteaux, surtout le nord de la plaine.

IX. Plateaux. — Le plateau principal est celui du *Moulin à Vent*, offrant un point de vue qui embrasse la vaste plaine de la vallée de l'Aude, depuis Narbonne jusqu'à la mer.

X. Rocs. — Les principaux *Rocs*, qui ont emprunté leur nom au terrain ou au propriétaire sont : Le *Roc de Maubille* situé près le Pont des Bergers. Il y a une grotte très rocailleuse et très profonde où l'on voit encore les vestiges du frottement des flots, dans laquelle les troupeaux vont se mettre à l'abri en temps de pluie.

Le roc de *Galou*, au sud, où sont de très anciennes carrières de pierre, qui servirent pour la réparation du rempart de Narbonne, ouvrage dirigé par Vauban. C'est de là que vient le nom de la fontaine Valère, de la Vallière, fort en vogue alors.(Note de M. Bernard, maire.)

Le roc de *Clots-de-Nières*, au sud-ouest, qui est le principal et d'où, selon la tradition constante du pays et le témoignage de tailleurs de pierres et de maçons, on a extrait la pierre pour la construction de l'église de St-Just, de Narbonne. Cette carrière est depuis longtemps abandonnée.

Le roc de *Barral*, au sud-ouest, où l'on a vu des anneaux en fer pour y amarrer les navires et les barques.

Enfin, les rocs de *Rieux*, de la *Tine*, *del Mourre*, vers l'ouest, où commmence le canal d'écoulement de la plaine de Lespignan.

XI. Caps. — Les rocs de *Barral* et de Clots-de-Nières, étaient, autrefois, par leur avancement dans la mer, comme des caps.

XII. ILES. — Il y a dans la plaine un terrain formant un angle entre l'ancien et le nouveau lit de la rivière d'Aude, nommé l'Ile et de plus certains quartiers appelés Ilots, parce que ces terrains étaient jadis levés et à sec au milieu des eaux.

XIII. PONTS. — Sauf le pont du château, dont il sera question plus bas, ceux que nous citerons n'ont rien de remarquable sous le rapport de l'art : le pont de Clots-de-Nières, celui des Bergers, de Malaïneïs, de la Madeleine, et du Sault de la Parette. Ces trois derniers sont sur le chemin de Béziers.

XIV. CHEMINS PRINCIPAUX. — Au nord-est, se trouve le chemin de Béziers, se raccordant à la route nationale près du Pont de Narbonne.

Au sud, le chemin de Fleury, qui va jusqu'à la rivière d'Aude où l'ancien bac a été remplacé par un pont suspendu, en fils de fer. Le droit de péage est aboli depuis plusieurs années.

Tout à côté se trouve une très ancienne chapelle dédiée à N.-D. de Liesse, située sur le terrain de Fleury, et lieu très fréquenté par des pèlerinages de Fleury, Salles, Coursan et Lespignan, propriété de M. Arnaud (de Peyriac) qui y a établi un remarquable caveau funèbre de famille. A l'ouest, le chemin de Nissan qui aboutit à l'ancienne voie Domitia, allant d'Italie en Espagne.

Au nord-est, le chemin de Colombiers qui traverse la dite voie romaine.

A l'est, le chemin de Vendres.

Enfin, celui dit chemin de Quarante, partant de Séri-

gnan, traversant Vendres, Lespignan et Nissan pour aboutir à cette localité.

Six chemins ruraux principaux : celui de Savalsés, dont on ignore l'étymologie ; de las Prados, qui dans son parcours se divise en deux branches, dont l'une relie plusieurs chemins jusqu'à Béziers et l'autre unit les communes de Sauvian et de Sérignan ; le chemin de Mouna, qui sert pour l'exploitation des terres voisines ; celui du Bosc où était, il y a près de cent ans, un petit bois touffu de tamarins et de joncs dits *canotte*, rempli de loups ; celui de l'Argèle, de la qualité argileuse du sol, lequel traverse la plaine pour aboutir à la mer.

Enfin, au sud, le chemin de Vivios, ainsi dénommé parce qu'il parcourt dans sa longueur un terrain où était, il y a bien des siècles, d'après la tradition orale, une ville nommée Vivios.

XV. Vivios. — D'après les découvertes faites en divers endroits, ci-dessus désignés, cette ville était longue de 300 mètres et large de 150, commençant à la plaine et se dirigeant vers Lespignan. Lorsque les Romains eurent coupé le pont Septimius qui continuait le chemin Farrat, appelée par eux Via Domitia, afin d'empêcher les Maures de s'emparer de Narbonne, ils établirent à Vivios, lieu alors occupé par une peuplade de pêcheurs, un fort sur cet endroit.

On en a trouvé les ruines dans la propriété de M. Eugène Miramont, entr'autres : l'emplacement de la maison probablement occupée par le gouverneur, dont les pavés en mosaïque et en marbre blanc sale, furent maladroitement détruits par les ouvriers chargés de défoncer la terre qui les renfermait. On y voit, aussi, l'endroit où les romains prenaient les bains domestiques, consistant en trois ou quatre baignoires élégantes et un bassin ovale de 4 à 5 mètres de long sur 3 de large, destiné, sans doute, au peuple ou aux soldats.

« De ce point, d'après M. Bonnal, percepteur, les Ro-
» mains s'embarquaient pour aller débarquer au lit, nommé
» actuellement Rivier, métairie appartenant aux héritiers de
» M. Angles, où le fort existe encore et où l'on voit des salles
» souterraines d'immense grandeur et de cet endroit ils
» communiquaient, sans danger, avec Narbonne, par la
» Clappe. »

Dans le terrain de Vivios, on a trouvé et en partie conservé des ruines, des fondements de maison, des restes d'aqueducs en pierre, larges tuiles avec rebord de 2 centimètres, conduits en plomb, chapiteaux en pierre, de style grec, citernes, souterrains, pavés carrés, mosaïques, débris de marbre de diverses couleurs, principalement blanc, mortiers en pierre noire, très dure, servant, peut-être, à broyer le blé avec un pilon, une tête de lion en marbre blanc, avec gueule béante et garnie d'un tuyau en plomb dont on voit la place, enfin, un grand nombre de médailles bien conservées et de toute nature, en particulier à l'effigie de Dioclétien et de quelques autres empereurs romains.

XVI. VILLE-LONGUE. — Non loin des murs de Lespignan, toujours d'après la tradition, de génération en génération, était une autre ville appelée avec raison Ville-Longue, puisqu'elle se dirigeait de la métairie de la Savoie, terrain de Vendres, jusqu'au pont de la Madeleine, terrain de Lespignan. Les ruines trouvées sur un monticule à l'est de la métairie de la Savoie donnent à conjecturer que Ville-Longue existait sur cet emplacement et que l'abondante source qui arrose le jardin de cette campagne servait à désaltérer les habitants de cette contrée.

Le temple de *Vénus*, situé sur un tout petit promontoire, était le lieu où les habitants de Ville-Longue allaient prendre les bains de mer. « J'ai vu moi-même, en 1859, dit M. le » percepteur Bonnal, sur ce monticule, le pavé en marbre » blanc du très petit temple dédié à Vénus et à l'entour de ce » temple, cinq ou six baignoires en marbre, qui devaient » servir aux baigneurs aisés et que l'on devait remplir d'eau » à l'aide de machines. »

Les conduits d'écoulement de ces baignoires existaient encore en 1840. Au bas du monticule, du côté de la mer, on trouve les ruines d'un grand bassin destiné, probablement, aux bains du peuple. Certains débris de mosaïque en verre de plusieurs couleurs y ont été trouvés.

A l'extrémité de cette ville était située l'église de Sainte-Madeleine dont il sera question plus loin.

Tout proche, vers le nord, existent un puits découvert en 1837, dans un champ partagé par le chemin neuf de Lespignan à Béziers, à l'endroit formant angle, et au nord-est, les vestiges d'un moulin à eau, près du ruisseau de la Dure; de là, le nom de la Mouline appliqué à ce terrain.

Enfin, il y a beaucoup de chemins perdus et d'autres nouvellement tracés mais sans importance. Près du chemin des Planels, on trouva, en 1849, une grande médaille en cuivre, frappée à Rome, sans millésime, très bien conservée, représentant d'un côté Saint Benoit, portant à la main crosse et mitre et tenant un livre fermé, avec la légende, S. PATER BENEDIC, et de l'autre côté, la Sainte Vierge, la main gauche sur l'épaule de l'enfant Jésus, qu'elle tient sur ses genoux, un lys à la main droite, et tout près une maisonnette, enfin une espèce de scie précédant les lettres qui sont tout autour : N. S. D. MONS et aux pieds de la Vierge : ROMA.

CHAPITRE III

——

PERIODE CELTIQUE

Pierres levées. — Sépultures. — Chemins ferrés.

I. Pierres levées. — On a découvert en plusieurs endroits beaucoup de pierres, non profondément enfoncées, en tout sens dans les terres et surtout dans des ruines, bien polies, de toute forme et dimension sans inscription et qui paraissent être plutôt des restes de maisons démolies que des monuments druidiques.

II. Sépultures. — En 1840, on trouva dans le parc du seigneur, derrière la fontaine, un petit cercueil monolithe parfaitement sculpté d'un seul côté, dans le style ogival, profondément creusé et long d'un peu plus d'un mètre. Vers le nord, près d'une des métairies de St-Aubin, existe une vigne nommée *Champ des Morts*. En cet endroit, on a trouvé quantité de tombeaux en pierre de taille grossière et de différente grandeur. Dans plusieurs de ces tombeaux se trouvaient un ou deux cadavres, la plupart avec de la chaux, du fer et scellés du même métal, des urnes romaines et moresques, ce qui fait croire à une grande bataille qui aurait commencé vers Régimont et se serait étendue jusqu'à la côte de Bayssau, lieu où M. de Nattes, en faisant défoncer un grand champ de sa campagne, trouva également grand nombre de tombeaux pareils à ceux de St-Aubin Au sud, en 1850, on découvrit des citernes et quantité d'ossements humains, dans une aire contiguë aux murs, ainsi que dans un terrain appelé Garaou près du roc de Pech Majou.

A l'ouest, tout près du village, on trouva en 1834, dans la cavité du roc de Rieux, des fragments d'or, comme les débris d'une montre placés dans un reste d'assiette, deux têtes humaines entières et autres ossements principaux.

Le cimetière contient quelques tombes antiques ornées d'une simple et grande croix en relief, parmi celles plus ou moins belles de création récente.

III. CHEMINS FERRÉS. — L'ancien chemin, presque abandonné, qui mettait directement les métairies de St-Aubin en communication avec la voie romaine ou grand'route peu éloignée et qui va de Lespignan à Colombiers, s'appelle Chemin Ferré. Ce chemin est bien décrit dans la Statistique du département de l'Hérault à laquelle nous renvoyons le lecteur.

CHAPITRE IV

PERIODE GALLO-ROMAINE

Villas : Clotinière. — Saint-Pôl. — Saint-Aubin.

I. Clots de Nières ou *Clotinière*, comme l'on dit aujour-d'hui, est situé au sud-ouest. Cette métairie est entièrement bâtie sur le roc et semble devoir son nom au creux, en patois *clots*, produit par l'extraction de la pierre. Elle avait jadis, sur une petite tour, une sorte de guérite ou lieu d'obser-vation. Elle est la plus ancienne des métairies ; là étaient les haras du seigneur.

Ce domaine important est actuellement la propriété de M. Charles Viennet, de Béziers, qui l'a reçu de sa vénérable parente madame Eugène Grulet, née Marie Adélaïde Brous-se, décédée en février 1892. Au milieu d'un jeune parc ad-mirablement dessiné s'élève à côté des vieilles constructions une coquette et élégante villa, offrant un pittoresque point de vue.

II. La Coumoulette ou *Comboulette* au nord. Cette mé-tairie aurait, d'après la tradition, donné l'hospitalité d'un nuit au roi Louis XIII à son retour de Pignerol, en Italie. (Note de M. Bernard, maire).

III. Saint Pôl, dite aussi *Saint Pâl* et *St-Aubin* ; ces métairies situées au nord, dont deux réunies et une séparée, la plus ancienne, sont désignées par un nom qui leur est commun St-Aubin (*St-Auby*) et chacune par leur nom particulier et propre de leur maître respectif. Elles semblent devoir leur emplacement à l'éloignement du village, à l'agrément du site et à la fertilité du terrain. On trouve au nord la petite métairie *Mercadier* ; à l'est, le jardin de *Vier*, connu par l'abondance et la fraîcheur d'une source.

Dans le terrain de toutes ces métairies ou campagnes, on a trouvé des mosaïques, des restes d'aqueducs, des tuiles à rebords, des jarres, des fragments de sculptures, des poteries, des cercueils de pierre, en plus grand nombre que dans le terrain de *Vivios*.

Toutes ces découvertes, faites en 1839, paraissent accuser l'existence passée de riches villas, quoique la tradition n'en fasse pas mention. C'est toujours la voie romaine Domitia qui met en communication ces campagnes entr'elles et avec Lespignan, Béziers et Narbonne.

CHAPITRE V

PÉRIODE CHRÉTIENNE

Eglises: Eglise Paroissiale St-Pierre-aux-Liens. — Eglise des Pénitents Blancs ou Notre-Dame du Caylar. — Diverses Confréries. —
Eglise du Château. — Eglise du Cimetière. — Usage singulier lors
des Funérailles. — Eglise de la Madeleine, de St-Aubin, de St-Pôl.
— Ancien Service Paroissial de la Commune de Lespignan de
1100 à 1790.— Dîmerie. — Presbytère.— Ecole des Religieuses.—
Croix Rurales.

I. Eglises. — A proprement parler, il n'existe qu'une
seule église entière, mais absolument insuffisante pour la
population actuelle qui s'augmente chaque jour, c'est l'église paroissiale, placée au centre du village et sous le vocable
de St-Pierre-aux-Liens. D'après son architecture, qui a
beaucoup de mérite, sa fondation paraît être de la fin du
XIIIe siècle ou du XIVe siècle, pour la partie ancienne com-
prenant le chœur et la moitié de la nef avec les deux pre-
mières chapelles latérales assez enfoncées, le tout dans un
style ogival bien articulé et en pierre.

Les voûtes de la sacristie et du chœur, de la nef et des
premières chapelles sont chargées de moulures qui s'entre-
croisent.

Cette église est sous le même vocable que celle du cimetière, peut-être à cause d'un seigneur nommé Pierre, comme une seigneuresse appelée Madeleine donna son nom à l'église détruite qui portait le sien.

Dans le chœur sont trois hautes fenêtres à deux compartiments surmontées d'un réseau de beaux trèfles, plus justement appelés par les anglais *tracery*, environnées de tores ou boudins et ornées de vieux vitraux peints, représentant, la Ste-Vierge avec l'Enfant Jésus, St-Joseph, St-Pierre et St-Paul.

Le chevet rappelle celui de l'église St-Nazaire, de Béziers, mais moins orné, avec les statues gigantesques des quatre évangélistes et leurs attributs. Lespignan doit, à son tour, sacrifier à cette manie ou mode architecturale qui poussa presque toutes les paroisses de l'ancien diocèse biterrois à imiter et à copier ce rétable de St-Nazaire, dont un savant architecte archéologue disait : *Culpa !* c'est une faute. Mais, ajoutait-il, heureuse faute, *Felix culpa* à cause de la richesse de la matière et de la perfection du travail. Mais souvent, hélas ! malheureuse faute pour les paroisses rurales, mauvais copistes ou imitatrices de l'heureuse faute de la cathédrale, de Béziers.

Les chapelles ont des fenêtres moins riches et moins grandes. Longtemps elles ont été fermées par des travaux en maçonnerie, aujourd'hui de beaux vitraux peints les décorent. Celle de la vierge est surmontée d'une pierre haute de 55 centimètres et large de 75 centimètres, environnée d'une baguette, qui se termine de chaque coté, par un chien, figure symbolique de la fidélité, avec écusson et les lettres, A. M. R. entrelacées en relief (Voir planche n° 1). Et, chose curieuse à signaler, le dessus de cette chapelle a, pendant de longues années, servi de prison provisoire aux vagabonds, aux malfaiteurs qui signalaient par quelque méfait leur passage dans la commune. Etre envoyé ou plutôt hissé *al clouquié* (au clocher) était synonyme d'être sequestré sous les verrous. Cet usage, ou mieux cet abus, a été détruit et si la dignité de l'église a gagné au transfert de la prison en un autre lieu, la sûreté des prisonniers n'y a rien perdu.

Au fond de l'église existe une rosace en pierre à claire-voie, avec les mêmes ornements des fenêtres du chœur, soit en sculpture, soit en vitraux à légende, de même date et d'aspect imposant.

Les portes très basses, étroites et simples, dont une latérale qui n'existe plus, celle du fond qui fût remplacée en 1847 par une plus belle et plus large, sont dans le même style ogival et ornées de moulures saillantes. On voit encore au bord de la voûte du chœur des figures de chiens en pierre, parfaitement conservées qui reçoivent et rejettent les eaux pluviales. Les murs sont soutenus d'un côté par trois contreforts et de l'autre par deux et par le clocher qui n'est pas bien élevé.

Derrière le chœur existe une belle sacristie de la même antiquité et dans le même style ; à côté, il y en a trois autres d'une date plus ou moins récente.

Quant à la seconde partie de la nef, elle date d'environ 300 ans. — L'église devenue insuffisante pour la population, *au moins pour les grandes festivités*, fut agrandie dans le style ogival, d'après la tradition, mais la nouvelle construction s'écroula, il y a 150 ans, et fut relevée en plein cintre par impuissance ou par économie, mais le terrain s'étant affaissé elle menaça bientôt ruine.

Dans la nouvelle réparation la porte du fond de l'église et

la rosace furent transportées avec soin de la partie ancienne à la partie récente. L'eglise entière, sans la sacristie, a 20 m. de longueur sur 8 de largeur sans compter les quatre chapelles : *N.-D. du Rosaire*, le *Sacré-Cœur*, *St-Michel*, *N.-D. du Caylar* et une toute récente dédiée à *St-Antoine-de-Padoue*. D'après les hommes de l'art, elle mériterait, du moins pour la partie primitive, d'être classée parmi les monuments historiques.

II. L'ÉGLISE DE LA CONFRÈRIE DES PÉNITENTS BLANCS au sud-ouest, autrefois en dehors, aujourd'hui dans les murs du village, dédiée à *N.-D. du Caylar*, du nom propre d'une seigneuresse de Lespignan, appelée *Madeleine du Caylar*. Cette chapelle fut vendue en 1793 et convertie en maison particulière. Les seuls vestiges qui restent sont les murs, les contreforts, une petite fenêtre située au sud ainsi qu'une porte dans le style ogival, maintenant fermée et surmontée d'une rosace très simple ; une petite niche cintrée, en pierre, au-dessous de la nouvelle porte nord ; enfin quelques peintures à l'intérieur des murailles. Cette chapelle avait 18 mètres de longueur et 8 de largeur, dans œuvre.

La statue antique de la chapelle représente l'Assomption de la Ste-Vierge, les mains jointes et les pieds sur un nuage, et n'a de remarquable sous le rapport de l'art que la pose gracieuse de la tête avec l'expression d'innocence, de joie et de céleste amour. Cette statue, en bois très dur, fut peinte jadis de diverses couleurs, elle est maintenant dorée : elle reposait depuis 1793 dans une tribune de l'église paroissiale alors siège nouveau de la dévote Confrérie des Pénitents-Blancs, et depuis 1895 elle est exposée dans une niche élégante d'une nouvelle chapelle, richement décorée de peintures murales (comme les trois autres chapelles) grâce à la générosité des familles Taïx et Gaudion et au dessus d'un autel don de Mme Rosine Déjean veuve Orliac. On lit en exergue tout autour ces paroles : *Posuerunt me custodem.* « *J'ai été constituée gardienne* ». En souvenir de bienfaits déjà reçus par l'intercession de N.-D. du Caylar et principalement en 1854, à l'époque du ravage du choléra dans Lespignan, on porta en procession l'image de Notre-Dame et la confiance publique ne fut pas trompée. Malgré l'intempérie de l'air, l'humidité des rues et autres causes ou accidents qui pouvaient naturellement parlant faire craindre pour ceux qui assistaient à la cérémonie, non seulement ils ne furent pas atteints, mais de ce jour le fléau cessa complétement, ce qui ne contribua pas peu à augmenter la célébrité et la confiance du peuple de Lespignan en faveur de N.-D. du *Caylar.*

Cette foi et cette confiance ne se sont pas démenties, car encore aujourd'hui, à côté *d'ex-voto*, devant l'autel et la statue brûlent sans cesse des lampes et des cierges allumés par la piété des fidèles implorant assistance dans toutes les circonstances graves de leur vie. Mais, c'est surtout au soir de la Fête de l'Assomption, où ce culte fait explosion pour donner une véritable ovation à N.-D. du Caylar : cierges, illuminations, chants, récitations de Rosaires, invocations, tout nous transporte en cette sainte veillée aux sanctuaires de Lourdes et de la Salette et nous en rappelle les douces et émouvantes manifestations religieuses !

III. Confréries. — Le commencement du xve siècle était un moment fâcheux, ce n'était que détresse pour les peuples et scandales pour la religion. Les siècles suivants ne furent pas toujours meilleurs à cause des troubles suscités par l'hérésie, guerres de religion et rivalité de la *Ligue*, sans compter le fléau de la peste devenu, pour ainsi dire permanent dans la province. Toutes ces calamités étaient là comme un continuel avertissement du Ciel de recourir à la prière et aux œuvres de la piété, seule ressource dans les grandes calamités publiques. A Lespignan, comme partout, on comprit le besoin de se rapprocher des choses de Dieu et de chercher dans les pratiques religieuses des consolations et des secours que vainement on aurait demandés ailleurs. De là naquit l'idée d'associations, de corporations religieuses de Confréries, comme puissant moyen d'entretenir la foi, de la faire fleurir et de resserrer les liens de la charité chrétienne et de secours mutuel dans ce temps de scandale et de divisions.

— En 1612, fut érigée sous le vocable du St-Esprit la confrérie des *Pénitents Blancs* et *Sœurs Pénitentes* qui jusqu'en 1861 fut non seulement florissante mais édifiante et disparut pour diverses causes vers l'année 1886.

— En 1690 : Permission fut obtenue de Mgr. l'Illustrissime et Révérendissime Armand Jean de Rotondy de Biscarras, évêque et seigneur de Béziers, d'ériger une chapelle en l'honneur de St-Michel dans l'église paroissiale de Saint-Pierre de Lespignan. La dite chapelle fut mise en état par les soins de M. Jean Francois Médaille, prêtre et prieur du dit Lespignan et de François Crassous et de Jean Camps, habitants du dit Lespignan, Prévots de la dite confrérie pour l'année prochaine qui commence le jour de St-Michel prochain, à quoy tous les confrères cy-dessous écrits ont consenti et ont promis de garder exactement tous les statuts qui s'ensuivent.

SIGNÉ : MÉDAILLE, *Prêtre et Prieur de Lespignan.*

Cette Confrérie, autrefois prospère, n'existe plus aujourd'hui que nominativement, respectée par quelques dignes personnalités encore soucieuses des traditions du passé et surtout jalouses d'occuper et de conserver dans la chapelle les places de leurs devanciers ; mais le règlement de la confrérie, qui du reste ne se recrute plus, n'est pas observé. On lui doit pourtant la riche ornementation de peintures murales exécutée il y a quelques années.

En 1725, fut érigée la Confrérie du *Saint Sacrement*. Voici le décret d'érection : « Moy Vicaire Général en l'évêché de Béziers, vu la requête, délibération de la communauté du lieu de Lespignan, en ce diocèse, et conclusion du Promoteur, le tout y attaché avons permis et permettons l'érection de la Confrérie du *Saint Sacrement* dans l'église paroissiale du dit Lespignan demandée par les habitants d'icelle, exhortant ceux et celles qui s'y enrolleront de suivre de point en point les règlements cy attachés que nous avons trouvés orthodoxes. Donné à Béziers, dans le palais épiscopal le dixième février mil sept cent vingt cinq. — GAYET, *Vicaire Général.* — Par mandement : VIGUIER, *Secrétaire.* »

Cette confrérie n'existe plus depuis quelques années.

Lespignan était donc enlacé par des corporations, associations, dont les statuts ou règlements ne produisaient certainement pas, d'un seul coup, la perfection religieuse et sociale, mais étaient par leur sagesse un puissant moyen d'émulation pour le bien et une digue de préservation contre le mal.

M. Germain, doyen de la Faculté des lettres de Montpellier, a constaté, dans son *Histoire de la commune* de cette ville, l'heureuse influence qu'exerçaient ces sociétés. « Du moyen âge ou non, nos confréries, dit l'éminent professeur, ne continuaient pas moins au sein des populations la pratique des sentiments d'égalité et de fraternité chrétiennes qui animaient nos vieilles corporations : leur vivace et puissant organisme indiquerait à lui seul, à défaut de l'histoire, de quoi est capable le principe d'association soutenu par la pensée religieuse et appliquée sur une vaste échelle ».

Les causes premières, car il en est de secondaires qu'il est inutile de signaler ici, qui ont amené l'anéantissement de ces diverses confréries sont incontestablement dans la Révolution de 1789, qui fut pour la France une époque désastreuse d'abaissement matériel et moral. L'ordre étant rétabli, nous sommes entrés dans la voie d'amélioration et de progrès qui appartient à toute civilisation. Nous avons marché depuis, nous avons fait du chemin dans l'espace de près d'un siècle, et si nous n'avons pas marché plus vite à un état de prospérité plus complet, on doit en accuser surtout l'agitation incessante des passions anarchiques qui triomphèrent en 1793 et qui, à plusieurs reprises, et principalement de nos jours, ont tenté de bouleverser l'ordre social et religieux.

Il n'existe plus aujourd'hui que la confrérie de *N.-D. du St-Rosaire,* érigée en 1832, par Mgr Marie-Nicolas Fournier, évêque de Montpellier, et l'archiconfrérie de la *Sainte-Face* affiliée à celle de Tours.

IV. — L'EGLISE DU CHATEAU est aussi ancienne que le château lui-même ; elle y est renfermée, à droite en entrant ; son architecture annonce qu'elle avait été construite, comme l'église paroissiale, vers la fin du XIIIe ou au commencement du XIVe siècle ; elle était dédiée à *Saint Martin* d'après les registres de la paroisse de Lespignan de 1603 à 1630. Sa porte est fermée dans la cour ; sa fenêtre se trouve où est l'empreinte des barreaux en fer, semblable à celle d'une forteresse, prenant jour vers la campagne ; enfin sa charmante voûte, le tout en belle pierre et dans le style gothique. Elle a, dans œuvre, 5 mètres de hauteur, 10 de longueur et de largeur.

La voûte est garnie de fortes nervures croisées diagonalement. L'édifice est divisé en deux compartiments par un arc doubleau, les nervures de chaque partie se rattachent à la clef de voûte ornée d'un écusson sur lequel on lit tout autour les mots ci-dessous : *V.V.S. Madeleine du Caylar. A. A. Pierre S. de V. P. IA.* Evidemment la première partie de l'inscription indique les noms de la Seigneuresse du Château. (*Voir la planche n° 2*).

En 1603 et le 20 décembre fut marraine à un baptême Mademoiselle Magdeleine du Caylar, femme de M. S^r, à Espinignan, et en 1630 12 avril, en la chapelle St-Martin, dans le château de Lespignan, fut administré le St-Sacrement après les pnces de la seigneuresse de Lespignan.

La seconde partie de l'inscription de la clef de voûte semble indiquer le nom du seigneur : Pierre S. de V. seigneur de Varènes qui est probablement de la famille de Darènes, seigneur de Lespignan, en 1693, mais dont le nom a perdu son orthographe. Depuis 1793, cette jolie chapelle a été transformée en magasin ou cave et on y a pratiqué une autre porte dans l'épaisseur du mur. Les lettres tracées en cône sur cet écusson et en bas-relief sur quelques pierres de la partie ancienne de l'église — susdite paroisse — paraissent être les armoiries du seigneur.

V. — L'Eglise monostyle du Cimetière située au sud-ouest, sur un plateau, était depuis un temps immémorial muette et solitaire, en ruines. Elle fut restaurée vers 1865, par les soins du curé Cavalier, mort dernièrement curé de la paroisse Ste-Eulalie, de Montpellier.

D'après un document dont l'origine est inconnue, il paraîtrait que Lespignan, du xe au xiiie siècle, n'avait comme église que celle du cimetière. A la fin du xiiie siècle afin de s'abriter contre les ravages continuels causés par la guerre des Albigeois, Lespignan construisit (à l'exemple de plusieurs autres localités) son rempart de protection, son château et son église paroissiale.

On croit qu'elle était dédiée sous le vocable de St-Pierre, titre et vocable transféré à la nouvelle et actuelle église *intra muros*. (Note de M. Bernard, maire)

Il serait difficile de préciser l'époque à laquelle elle fut fondée. Il paraît pourtant qu'elle date du ixe siècle, du temps de *Charlemagne*, qui, d'après l'histoire, fit bâtir, dans ces contrées plusieurs églises champêtres. Les caractères architectoniques que nous trouvons aux parties de l'édifice qui sont demeurées intactes accusent cette date.

Elle est assez remarquable par son architecture intérieure et par ses ornements de style grec pur, bien prononcé, qui sont d'une simplicité sévère, noble et convenable, mais sans accessoires. Longue de 30 mètres et large de 12, dans œuvre, sans chapelles enfoncées dans la nef, elle était avant la susdite réparation entièrement découverte, sauf le chœur qui, malgré la rigueur du temps et le cupide vandalisme de certains ouvriers maçons, a conservé sa belle voûte.

Un cordon à denticules ou tailloirs a un ornement en damier qui se continue en bandeau sur les murs latéraux et le pourtour de l'abside et se reproduit sur les corniches extérieures de l'édifice qui est tout en pierre presque indestructible.

Le chœur est orné de deux larges niches, percé de trois petites fenêtres, très évasées dans l'intérieur, très resserrées à l'extérieur ; subsistent encore deux cavités bien conservées, probablement l'une pour les burettes, et l'autre pour les offrandes des fidèles. Dans le chœur sont : une fenêtre au sud, plus grande que celles du sanctuaire, une colonne entière, au nord, avec son piédestal bien détérioré, et son chapiteau orné de volutes et d'oiseaux, trois hiboux aux ailes déployées d'un travail délicat et fouillé, un à chaque face, figure symbolique de l'élévation de l'âme solitaire vers Dieu ; vis-à-vis, rien qu'un chapiteau semblable suspendu ; vers la nef sont : deux colonnes égales. dont il ne reste d'authentique que les chapiteaux bien ciselés et ornés d'une infinité de cordons qui s'entrelacent avec beaucoup de grâce ; enfin, une petite porte latérale au nord, par où l'on devait entrer dans l'ancienne sacristie, dont on voit encore des vestiges en dehors de l'édifice et ce qui explique l'absence d'une fenêtre parallèle à celle du sud. Dans la nef, existent deux grandes fenêtres, l'une au sud ; elle envisage la fenêtre du nord et fut faite pour la commodité des fidèles, ou bien pour entrer immédiatement dans le cimetière dont cette église fait partie depuis longtemps. La nef se termine par une belle porte à plein cintre et surmontée d'une belle rosace ou œil-de-bœuf d'une dimension plus grande que celle qu'on voit d'ordinaire à ces sortes d'ouvertures dans les églises des villages. Portes, fenêtres, niches, arceaux, voûtes, tout est en plein cintre. On croit communément qu'elle était dédiée sous le vocable de l'apôtre Saint Pierre.

Une charte contenant une transaction entre Guillaume, évêque de Béziers, et Jean, prieur de Cassan, confirmée en l'an 1156, par le pape Adrien IV, mentionne Saint Pierre de Lespignan. On ignore l'époque où elle fut dévastée.

En 1562, un corps de troupe commandé par Jacques de Crussol, l'un des chefs de l'armée protestante, prit de force Lespignan et en massacra la garnison composée de 80 bandouliers; l'église étant isolée et sans défense a pu être saccagée par les religionnaires.

Cette chapelle, avant l'interdiction des processions, servait de station pour les cérémonies de St-Marc, des Rogations et du Jeudi-Saint.

Aujourd'hui elle est ouverte à la piété des fidèles qui ont la dévotion d'y faire célébrer le Saint-Sacrifice de la messe, ou qui s'y réunissent tous les dimanches après-midi pour y réciter le chapelet des Morts et y faire les exercices du Chemin de Croix. Elle est ornée de riches statues modernes; la plus remarquable est celle placée sur l'autel, représentant la Vierge dans une attitude d'extatique douleur!

Nous ne devons pas quitter cette enceinte sans saluer la tombe du vénérable curé Millié qui, au mérite d'avoir été un bon pasteur pendant trente trois ans qu'il dirigea la paroisse, joignit celui de cultiver avec succès la muse patoise comme en témoigne son poème écrit en langue néo-romane : *Uno partido de Capelas. Bizito al Curat de Lespigna. Lou 9 Juliet 1850, poèmo en cinq cants*, dans lequel apparaissent en leur vrai caractère les physionomies parfaitement photographiées des personnages ecclésiastiques, alors en évidence dans la ville de Béziers, placées au milieu de scènes cléricales assaisonnées de ce sel méridional, le plus piquant et le plus pur!

Au-dessus de la porte d'entrée s'élève un simple mais gracieux campanile abritant une petite cloche aux sons argentins qui fut solennellement bénite ou baptisée le 15 mai 1881 par M. l'abbé Azéma, curé de Lespignan. Elle reçut les noms de *Léonie Marie* et eut pout parrain M. Léonce Delon et pour marraine Mlle Marie Decazis.

Toutes ces restaurations furent opérées grâce au concours de toute la population lespignanaise. Les registres contenant les actes religieux mentionnent comme plus particulièrement associés à cette œuvre, outre Mmes Honorine Capman et veuve Labadié, sacristines de la chapelle, MM. les Membres du Conseil de Fabrique : Pierre Martin, Benjamin Berthuel, Esprit Crassous, Léon Bringuier, Eugène Miramont et Alphonse Delon. Qu'il nous soit permis, en ce temps de nouvelle législation sur les fabriques, de proclamer hautement que les anciens membres sus-nommés et les nouveaux successivement appelés à ces honorables fonctions se sont toujours acquittés des devoirs de leurs charges avec le zèle, le dévouement, le désintéressement et la piété de bons catholiques et d'intègres administrateurs. Que ces Messieurs à la liste desquels il faut ajouter MM. Alphonse Crassous, Pierre Miquel et surtout M. Pierre Roger, qu'on peut appeler en quelque sorte *l'âme* du Conseil de fabrique, reçoivent ici, par notre modeste mais autorisé intermédiaire, l'hommage de l'expression de la plus vive gratitude de la paroisse et des pasteurs auxquels en diverses époques ils ont prêté leur précieux concours.

Qu'on nous permette de rappeler ici, très respectueusement, l'appel chaleureux que nous adressions, le soir de la Toussaint 1894, aux fidèles qui se pressaient nombreux dans cette chapelle du cimetière, pour lex exhorter à ouvrir une souscription destinée à construire une voûte capable de protéger cet édifice contre toutes les intempéries des saisons. Cet appel fut aussitôt entendu et les travaux de restauration et de réparation sont commencés. Preuve nouvelle qu'on réussit toujours quand on *veut le bien* et qu'on le veut bien.

Le cimetière est admirablement entretenu et digne d'une ville, soit à cause de la symétrie des allées ombragées d'arbres funéraires, soit à cause du nombre, de la richesse de ses mausolées, de ses chapelles privées, de ses caveaux de famille, et même de ses tombes plus modestes toujours pieusement soignées ; en un mot, on peut faire au peuple de Lespignan l'application de cette énergique pensée de St-Augustin : « que si les honneurs funèbres que nous rendons » aux morts sont la consolation des vivants, les prières des » vivants sont la consolation des morts. »

Honneur au peuple qui a le culte des tombeaux ! Car celui qui brise avec ce culte se rend coupable envers les souvenirs les plus sacrés, envers les espérances à la vie future. La profanation qui viole dans les sépulcres les générations qui ne sont plus flétrit dans leur berceau les générations qui viennent en leur apprenant à ne pas respecter ce qui ne doit jamais être ni profané ni négligé.

VI. — Il existe dans le village une coutume, lors des funérailles, qui mérite d'être notée. Elle est rapportée par M. l'avocat Sabatier, membre de la Société archéologique de Béziers, dans les *Etudes et notes archéologiques sur les châteaux, abbayes et églises* de l'ancien diocèse de Béziers, dans un opuscule dédié à M. Auguste Durand, curé archiprêtre de St-Nazaire, en la même ville, chevalier de la Légion d'honneur et, comme l'auteur, membre non pas seulement *décoratif* ou *représentatif* mais *très actif* de la dite Société.

Cette coutume s'est conservée, du moins en partie, de nos jours. « Après le décès, le corps du défunt habillé de ses plus beaux habits, le visage et les mains à découvert, est déposé jusqu'au moment de l'inhumation sur un échafaudage en planches, couvert d'un drap blanc, dans le salon de la maison ; les parents, les amis, les visiteurs sont reçus dans une pièce voisine. Chez le pauvre, chez l'ouvrier, souvent la pièce unique du rez-de-chaussée réunit le mort et les vivants. Chacun des parents et amis arrive portant une lampe à croc bien garnie d'huile, il l'allume et l'accroche à quelque meuble ou à une corde tendue autour du lit funèbre ; la réunion de toutes ces lumières fait une chambre ardente du lieu où elles brûlent. Depuis une trentaine d'années les riches de l'endroit avaient remplacé les lampes à croc par les lampes à pompe et puis riches et pauvres ont allumé autour des corps des cierges bénits, mais le peuple est toujours le dernier à déserter les mœurs et coutumes des ancêtres. Cet usage d'allumer quantité de lampes ou de cierges autour des morts, sous le toit domestique de même qu'à l'église, existe dans d'autres communes de l'ancien diocèse, avec cette différence que le corps reste jusqu'au moment de l'inhumation dans la chambre où il est décédé.

» Chez les chrétiens des premiers siècles, le corps lavé, parfumé, enveloppé de linges fins ou revêtu d'habits précieux, était exposé pendant trois jours ; on le gardait et on veillait auprès en prières ; le lieu de cette exposition était éclairé par des lampes ou des flambeaux. Quand on portait le corps au tombeau, on l'accompagnait avec quantité de cierges et de flambeaux (Fleury, *Hist. Eccl* ; St-Jean Chrisostôme, *Homélie* 70). La planche XXIII de l'ouvrage de Thomaso Porcacchi (*Funerali antichi di diversi popoli e nazioni*, Venetia, 1574) nous montre une bière renfermant un cadavre, entourée de flambeaux allumés et de plusieurs personnes parmi lesquelles figurent principalement des femmes éplorées : c'est une scène d'intérieur. Un autre compartiment de la planche représente un cortège funèbre cheminant vers l'église, et au-devant de la bière, on voit plusieurs personnes qui portent des flambeaux. Auparavant, les Grecs et les Romains avaient la même pratique. Dans l'usage romain le corps restait exposé, paré et le visage découvert pendant sept jours, sous le vestibule ou à l'entrée de la maison, et dans le convoi figuraient des gens portant des torches allumées.

» L'éclairage funèbre dans la maison mortuaire et pendant la marche du convoi paraît avoir eu son principe du moins à Rome, dans la coutume d'enterrer de nuit les personnes qui ne laissaient pas de quoi subvenir aux dépens d'une pompe funèbre ; de là, les préposés aux enterrements étaient appelés *Vespillones, Vespæ* (Rosin. *ant. Roman.* 240, col. 1.) Le christianisme, en adoptant cet usage, l'a spiritualisé ainsi qu'il l'a fait de bon nombre de rites et de cérémonies qu'il emprunta au paganisme : la lumière qui éclaire la dépouille des morts est le symbole de la lumière divine, dont le prêtre suppliant demande pour eux l'éternelle jouissance, par le chant de miséricorde : *Requiem æternam dona eis Domine, et lux perpetua luceat eis.* »

Qu'on nous pardonne cette longue digression, elle ne sera pas inutile pour expliquer le *pourquoi* de ces divers usages funèbres, nous montrer *comment*, c'est-à-dire, dans quel esprit nos anciens les exerçaient et *combien* nous devons nous-mêmes les respecter, les conserver et les pratiquer.

VII. — *L'église de la Madeleine* au nord et à 800 mètres de Lespignan, sur le chemin de Béziers, dont il ne reste que quelques pierres ou fondements, d'après lesquels on peut conjecturer qu'elle avait les dimensions de celle des *Pénitents*.

VIII. — L'église d'une Métairie : *St-Aubin* (St-Aüby), au nord ; convertie depuis 1793 en un autre usage. Avant cette époque, elle était desservie par un *prieur* ou par un des Messieurs du clergé de Béziers, à qui cette campagne appartenait. Il y a encore la porte en plein cintre, dans la cour, ainsi qu'un petit bénitier en terre cuite incrusté dans le mur d'une fenêtre de médiocre grandeur qui prend jour en dehors de la métairie.

IX. — L'église plus récente de St-Pôl (St-Pâl) dédiée à la Ste-Vierge et nommée *N.-D. de Cassan*, du nom d'un ancien propriétaire dont la famille a conservé un caveau funèbre.

Les registres de la paroisse de Lespignan de l'an 1656, parlent d'un mariage bénit par M. Balot, prêtre habitué de l'église de *N.-D. de Cassan*, avec permission à lui donnée par M. Vidal, prêtre et prieur de l'église paroissiale de St-Pierre de Lespignan. Pendant les jours néfastes, la messe s'y célébrait fréquemment et secrètement ; dans les dernières années elle ne s'y disait que pour l'enterrement d'un membre de la famille. Cette modeste chapelle possède un joli bénitier en marbre incarnat et un magnifique petit autel en marbre de diverses couleurs.

X. — ANCIEN SERVICE PAROISSIAL DE LA COMMUNE DE LESPIGNAN DE 1100 A 1790. — Lespignan érigé en succursale depuis le concordat de 1802 est desservi, comme on sait, par un curé amovible, nommé par l'évêque de Montpellier au traitement de 900 fr. Avant la Révolution, la paroisse était desservie par un *Vicaire perpétuel*, nommé par l'évêque de Béziers, sur la présentation du prieur de Cassan, aux appointements de trois cents livres, et par un secondaire, à la portion congrue de cent cinquante livres. Ce second état de choses ne datait pas tout-à-fait d'un siècle. Au commencement du xviiie siècle, Lespignan avait le titre de *Prieuré Cure* dont le titulaire était un régulier [de l'ordre de St-Augustin, de la congrégation de St-Ruf, dépendant du Prieuré de Cassan. Et cela datait de fort loin. Car un acte de 1154 mentionne l'église de St-Pierre de Lespignan comme étant du domaine de ce monastère de Cassan, sauf les droits de l'évêque de Béziers. A cette époque, Cassan appartenait à l'ordre régulier des Chanoines de St-Augustin, lequel fut réformé plus tard par l'abbé de St-Ruf, au milieu du xviiie siècle, et uni bientôt après par François Fouquet archevêque de Narbonne, aux chanoines réguliers de St-Au, gustin de Ste-Geneviève, de Paris.

En 1711, le prieur de Lespignan se nommait *François Médaille*, digne prieur, plein de piété et de zèle. Voulant venir en aide tout ensemble et à ses paroissiens et au clergé du diocèse, il résolut de résigner son bénéfice entre les mains de l'évêque de Béziers, pour qu'il fût uni à la mense du séminaire fondé par le prédécesseur du prélat actuel.

L'acte de cette résignation porte expressément qu'elle est faite « pour aider à garantir et consolider la dotation du » nouveau séminaire, pour alléger les charges du clergé ac-

» cablé d’impôts extraordinaires rendus plus durs par la mi-
» sère du temps, pour assurer et accroître le service parois-
» sial de son troupeau ».

L’offre généreuse du prieur Médaille fut accueillie avec gratitude par Mgr. de Rousset, évêque d’alors, qui fit procéder aussitôt aux formalités nécessaires pour entendre les parties intéressées, et elles étaient nombreuses ; car, outre le donateur, il fallait entendre :

1° Mgr. Louis de Lavergne Montemart de Tressan, évêque du Mans, prieur commanditaire de Cassan;

2° Dom Joachim de Valemod, abbé de St-Ruf, supérieur général de la Congrégation de St-Ruf;

3° Dom Jean Lolivié, abbé de Ste-Geneviève, supérieur général de Ste-Geneviève, de Paris ;

4° Le seigneur et les habitants de Lespignan.

Il n’y eut aucune difficulté de la part des trois premiers personnages ; Mgr. de Lavergne se réserva la redevance ordinaire payée au prieur de Cassan par les habitants de Lespignan, laquelle consistait en dix setiers de blé, d’orge et d’avoine. L’abbé de Ste-Geneviève réserva son droit de présentation pour le titulaire qui allait remplacer le prieur-curé. L’abbé de St-Ruf adhéra purement et simplement. Le seigneur du lieu, appelé Darène, et les habitants élevèrent quelques réclamations, mais elles furent aisément réfutées par le promoteur chargé d’instruire l’affaire.

En conséquence, Mgr. de Rousset, après avoir pris connaissance des pièces constatant les adhésions, réclamations ou conditions, prononça le décret définitif d’union du prieuré de Lespignan à la mense du Séminaire de Béziers, dirigé par les Prêtres de la Mission. Le décret est daté du dernier jour de septembre de l’année 1711. Voici les clauses principales de ce décret qui modifiait le service paroissial de l'église de Lespignan :

1° Le titre de prieur-curé de Lespignan est aboli. Tous ses fruits et revenus, ainsi que ses droits et appartenances, sont unis et incorporés au séminaire de Béziers pour l'entretien des prêtres ou directeurs qui en ont charge et des frères qui en font le service, à la réserve, cependant, que J. François Médaille jouira des fruits et supportera les charges du prieuré jusqu'à sa mort.

2° Il est établi une *Vicairie perpétuelle* pour remplacer le prieuré, laquelle sera gérée par un prêtre séculier nommé par l'évêque sur la présentation du commandeur de Cassan.

3° Le vicaire perpétuel, assisté du secondaire d'usage, sera tenu d'administrer la cure et recevra une pension annuelle de 300 livres, et son secondaire 150, sans y comprendre le casuel et les droits fixés par les ordonnances et délibérations royales ;

4° Les prêtres du séminaire donneront, tous les cinq ans, en carême, une mission à la paroisse de Lespignan, à leurs propres frais, et tous les ans, ils mettront à la disposition du vicaire une somme de quatre-vingts livres pour les pauvres de la paroisse ;

5° Le Séminaire demeurera chargé de l'entretien de l'église et des ornements, des dîmes et autres subsides ou rentes à payer selon l'usage, en particulier de la rente de dix setiers de blé, orge et avoine pour le monastère de Cassan et de celle pareille pour la mense de l'évêque de Béziers.

La prise de possession eut lieu le 10 novembre suivant, par M. Mathurin Revault, supérieur du Séminaire, avec le cérémonial suivant :

« A huit heures du matin, M. le notaire Jean Mouton,
» assisté de deux témoins, s'est rendu avec M. Revault, à
» Lespignan. La lecture dud écret d'union a été faite par lui,
» devant la porte principale de l'église, puis M. Revault est
» entré et sorti de l'église, prenant de l'eau bénite et allant
» prier devant le maître-autel, touchant et baisant le dit
» autel, s'asseyant au siège du Prieur, entrant à la sacristie,
» touchant la chaire et les fonts baptismaux et **sonnant**
» plusieurs coups de cloche....

» M. le Notaire a rédigé aussitôt l'acte de prise de pos-
» session et l'a lu à haute voix, tant dans l'église qu'au de-
» hors, devant la porte principale.... »

Tout ceci se passait dans l'église de l'intérieur du village
dans laquelle a lieu le service divin, car l'église extérieure
qui servait de cimetière était alors dans un état de ruine.
Le décret d'union, que nous venons de citer, ne parle que
d'une église à entretenir, et ce n'est certainement pas de
l'église extérieure qu'il était question; elle avait été mise
hors d'usage depuis l'invasion des Anglais du prince de
Galles, qui ravagèrent, en 1355, les environs de Narbonne
et de Béziers. Nous lisons, en effet, dans les annales de cette
triste époque, que le Prince pilla, incendia, démolit tout ce
qu'il rencontra sur son passage, depuis Castelnaudary jusqu'à Béziers, et que, pour se défendre contre le barbare en-
vahisseur, les habitants des villes et des villages durent se
renfermer dans l'enceinte de leurs murailles, abandonnant
les églises et les couvents situés au dehors. C'est l'époque
où furent démolis, à Béziers, les couvents des Antonins,
des Augustins, des Clarisses et des Templiers, bâtis dans

les faubourgs, pour être plus tard reconstruits dans l'intérieur de la ville.

Lespignan dut suivre cet exemple. Au lieu de songer à réparer l'église extérieure, on s'occupa d'en élever une autre moins exposée aux incursions de l'ennemi, et c'est alors que fut construite l'église actuelle qui porte, en effet, le cachet du xivᵉ siècle. La précaution était sage; elle ne fut pas néanmoins suffisante pour la mettre à l'abri des dévastations des Religionnaires, qui deux siècles plus tard vinrent désoler la contrée. Malgré la garnison catholique qui défendait le pays, en 1562, les bandes hérétiques de Beaudiné de Crussol y pénétrèrent, égorgèrent les quatre-vingts soldats qui gardaient la place et en demeurèrent les maîtres jusqu'à ce que le vicomte de Joyeuse vînt les en chasser, ce qui ne tarda pas.

Quoique le séjour de ces Huguenots ait été assez court, on peut penser qu'il fut fatal à la religion aussi bien à Lespignan qu'à Béziers et autres lieux environnants où ils passèrent; le pillage des églises et la profanation des autels signalèrent partout leurs sacrilèges prouesses. Si quelque chose était resté ou restauré de la vieille église, il dut alors disparaître sans retour.

XI. DIMERIE. — Dans la partie ancienne du village existe, au nord-ouest, appuyé contre les remparts, un édifice vaste et antique, à en juger d'après la structure des portes et fenêtres avec croisillons, qui indique la première moitié du xviᵉ siècle sous François Iᵉʳ. On y voit des souterrains avec voûtes en pierre, des arceaux nombreux et hardis; c'était la propriété de *Messieurs du Clergé* de Béziers et probablement la *Dîmerie*.

Une partie de cet édifice donnant sur la rue était la *Maison de Charité*, où l'on tenait du linge pour les malades indigents et qui possédait une vigne et une olivette.

Non loin de là, à l'est, toujours dans les anciens remparts et y adossée, subsiste une maison moins grande avec cour et puits, appelée la *Maison de l'Evêque*, qui était, en outre, propriétaire d'un champ, d'une *Joncasse*, et tout à côté, y attenant, d'une maisonnette qui servait d'hôpital et qu'on nommait vulgairement l'*Hespitalet*, qui avait un champ.

L'*Œuvre* de Lespignan possédait trois hermes, trois champs et une olivette.

Près du Cimetière, à l'est, existe un petit édifice dit encore *Maison des Frères*, et à côté sont plusieurs terres de grande étendue appelées Champs ou Vignes des Frères; c'étaient probablement des Frères Quêteurs ou mieux collecteurs de la dîme. Toutes les maisons plus haut désignées avaient, avant 1793, en exercice leur destination précitée; elles appartiennent maintenant, ainsi que les terres dites des Frères, à divers particuliers du village.

On ne connaît pas la primitive destination d'une antique maison située en face de l'ancienne porte latérale, aujourd'hui murée et cachée par la chapelle de N.-D. du Caylar, de l'église paroissiale. Sur la façade du chambranle de la cheminée d'un grand appartement on lit ces mots d'un sens éminemment chrétien : « NON IGNIS, UBI CRUCIS AMOR.» « *Pas de feu, là où est l'amour de la Croix.* »

L'escalier de cette maison est de la même forme et de la même pierre que l'escalier du clocher de l'église. La première fois que nous l'avons gravi, c'était pour accompagner Sa Grandeur Monseigneur de Cabrières, évêque de Montpellier, qui, en tournée pastorale de confirmation à Lespignan, en 1891, voulut relire cette inscription qu'il n'avait point oubliée et nous la montrer à nous-même, alors nouveau curé de la paroisse, qui en ignorions complètement l'existence, et à son jeune et sympathique secrétaire particulier, M. le chanoine Sahut, qui releva l'inscription.

Personne ne sera étonné de l'évocation de ce souvenir pour un objet si modeste de la part de notre éminent Evêque. Chacun sait qu'il s'en va à travers son diocèse pendant plusieurs mois de l'année, prêchant le saint Evangile, Les dignes curés et les braves paroissiens se laissent aisément gagner par cet Evêque d'abord facile et plein d'aménité. Dans les cérémonies de confirmation, à l'église, qu'il traverse de haut en bas, de long en large, au milieu des rangs pressés des enfants interrogés avec douceur et des parents intéressés par de vives explications qui s'adressent aussi à eux, il se montre l'Evêque, le Père.....

Mais dans ses excursions à travers le département de l'Hérault assez fertile en monuments artistiques et assez riche en souvenirs historiques, l'Evêque de Montpellier inspecte, catalogue, apprécie, compare en savant et fin connaisseur, faisant des tournées archéologiques en même temps que des visites pastorales, donnant de précieux conseils aux curés et aux fabriciens, leur faisant connaître et aimer leurs monuments et leurs meubles précieux.

C'est dans cette visite que nous sentîmes naître et s'éveiller en nous la pensée et le désir de nous livrer à l'étude de cette paroisse confiée à notre sollicitude.

C'est de l'Evêque que jaillit dans le curé cette étincelle, qui sans doute n'est point devenue un foyer lumineux, soit à cause de notre impuissance pour le faire rayonner, soit manque d'aliments pour le faire étinceler... mais quel qu'il soit, qu'il aille, ce petit flambeau, éclairant le passé d'une paroisse, redire dans sa modeste clarté notre respectueuse reconnaissance pour celui qui, en nous, l'a allumé!

Il existe encore dans le village quelques maisons très anciennes, de tout point, avec grand escalier en pierre usagée par le temps; elles sont la propriété de personnes marquantes de la localité. Plusieurs ont appartenu au seigneur suzerain de Lespignan, ainsi que l'ancien compois en fournit les preuves.

XII. PRESBYTÈRE. —— Il est situé tout près de l'église, ayant une longue allée d'arbres, un jardin, une terrasse très ombragée en été et un puits. Il est très ancien, assez commode et suffisant, quoique une grande partie, presque la moitié, ait été vendue en 1793; elle est aujourd'hui occupée par les Sœurs de St-Joseph, dites de la Ste-Famille, en vertu d'une fondation faite par M. Joachim Batalié, en sa mémoire et celle de son épouse, en l'année 1853.

Ces Dames dirigent un pensionnat de jeunes filles, très florissant, avec ce zèle, ce dévouement, cette piété et cette science qui sont le cachet et le caractère de cette congrégation si répandue et si prospère dans tout le diocèse.

Mais ce presbytère, malgré de grandes et nouvelles réparations, plus coûteuses pour son entretien incessant que pour sa reconstruction complète sur place, n'a jamais pu être rajeuni; les murs en sont passablement caducs.

Autrefois, il s'appelait le *Prieuré* et y étaient adjoints un *ferrajal*, quatre champs et un *pastural*.

XIII. CROIX RURALES. — Il y en a un grand nombre, en pierre, en bois, en fer, désignées par le nom du ténement où elles sont placées, toutes respectées par les habitants, n'ayant aucune légende ni particulière ni ancienne et rien de remarquable sous le rapport artistique.

D'abord dans l'enceinte du village existent plusieur croix d'érection plus ou moins récente, en remplacement d'autres enlevées en 1793.

Elles servaient de station, selon un usage immémorial, pour la procession du Jeudi-Saint et encore aujourd'hui pour les enterrements. Devant toutes les croix que rencontre sur son parcours un cortège funèbre, depuis sa sortie de la maison mortuaire jusqu'à l'église, et de celle-ci jusqu'au cimetière, le cortège s'arrête, la bière est déposée au pied de la croix rencontrée sur le passage, les assistants se découvrent et le prêtre récite les prières de l'absoute.

La Croix de la Mission érigée pour conserver le souvenir d'une mission prêchée, avant 1793, par un prêtre nommé M. Serre. Elle était autrefois en dehors des remparts et servait de station pour les processions dominicales, pour celle du Jeudi-Saint et pour les enterrements.

La Croix de la Place, celle de la Fontaine, là où était avant 1793 une porte du village (1822).

La Croix des Joncs, sur le chemin de Nissan, servant de station autrefois aux processions du dimanche des Rameaux et du Jeudi-Saint; son nom porte son étymologie; 1817, il n'y a que le millésime.

La Croix de St-Pierre, du nom du quartier.

Enfin la croix qui est au milieu du Cimetière, monument érigé par M. le curé Arribat, pour perpétuer la mémoire d'une heureuse mission prêchée par les RR. PP. Berthier et Périn, missionnaires de N.-D de la Salette.

Dans la campagne sont les croix suivantes :

1° La croix dite des Quatre-Chemins, communément *La Crouzette*, au chemin de Béziers (nord). La légendè est un ex-voto, *J. Vidal. In honorem B. Claræ, anno 1829* ;

2° *La Croix de la Madeleine*, avec une niche au socle, mais la statuette de la sainte a disparu ;

3° *La Croix du Sault de la Varette*, au chemin de Béziers.

4° *La Croix de Bois*, même chemin, portant jadis les armoiries de cette ville ;

5° *La Croix des Traouquats*, en souvenir d'une pauvre aliénée morte en 1847, d'une mort funeste au chemin de Colombiers et du Four-à-Chaux. La légende porte : *Rose U.... portant sa croix, priez pour elle, 1847*;

6° *Croix de St-Aubin*, via Domitia;

7° *Croix de St-Pôl* (nord) ;

8° *Croix de Cavagnol* (sud-ouest) ;

9° *Croix du Coulet* (sud-est) ;

10° *Croix des Trois-Pierres* (est) ainsi nommée parce que sur le plateau où se dresse cette croix étaient autrefois réunies trois énormes pierres ;

11° *La Croix de Jean Berthuel*, sur le chemin de Vivios.

Ces croix servaient de station pour les processions des Rogations et de St-Marc.

Cette multiplicité de croix érigées dans le village et dans la campagne montre et prouve très clairement la foi robuste des anciens habitants de Lespignan qui, se souvenant que ce signe sacré avait marqué leur front dès le berceau, ombragerait un jour leur tombe, plaçaient ainsi leurs personnes et leurs demeures, leurs terres et leurs récoltes sous la protection divine.

Ils savaient et comprenaient nos aïeux, que cette Croix était aussi indestructible que l'Eglise fondée par Elle;

qu'Elle verrait passer comme l'eau du torrent le flot des générations humaines, mais qu'Elle ne passerait pas *parce qu'Elle était hier, parce qu'Elle est aujourd'hui, parce qu'Elle sera demain !* et que malgré le long intervalle des siècles, malgré les vicissitudes des temps, malgré les révolutions des empires, Elle seule resterait debout : *Stat Crux dum volvitur orbis.* Que toujours cette croix adorable serait le glorieux monument de leur culte et de leur civilisation, le symbole et l'emblème comme le gage et la garantie de leur liberté, de la paix publique et de la morale !

En 1858, on découvrit dans une écurie de Montady, que l'on fouillait pour quelque réparation, un bloc très fin de marbre blanc de 60 centimètres de hauteur sur 40 de largeur, orné d'une inscription et d'armoiries parfaitement gravées et conservées.

Ce bloc et ces armoiries ont probablement appartenu à Lespignan. Le nom de ce lieu est très lisible autour du pied d'un arbre qui est certainement un pin. Le médaillon resserré entre deux branches ou rameaux, dont l'un paraît être de chêne, l'autre d'olivier, renferme en haut la devise latine : *Ex humili altitudo.* Au-dessous de cette devise qui n'est autre chose que cette pensée de l'Ecriture sainte : *Et exaltavit humiles,* on voit trois fleurs de lis. Du bas de l'écusson monte un jeune pin à très fortes racines, autour du pied de cet arbre on lit : *Lespignan.* Enfin, en dehors de l'écusson on lit : *Restituta est anno Domini M.D.C.X., Dum essent consules. D. D. Antonius Durand, Natalis Raymondenq, Antonius Calviar.*

Cette pierre a dû, après les guerres de religion, être placée sur quelque édifice religieux dont elle annonça la restauration ou le relèvement, peut-être sur quelque pied de croix. Les armoiries de cette pierre pouvaient être aussi le blason de quelques personnes privilégiées, ou le souvenir d'une espérance réalisée. On ne sait où pouvait figurer cette pierre, ni comment elle s'est trouvée à Montady. Ce qui est certain d'après les archives, c'est que ces trois consuls étaient à Lespignan et qu'un personnage de cette localité, de Moiriac, avait une propriété à Montady.

Par là s'expliquerait par lui ou par un membre de sa famille la translation de cette pierre de Lespignan à Montady. *(Voir la planche N° 3.)*

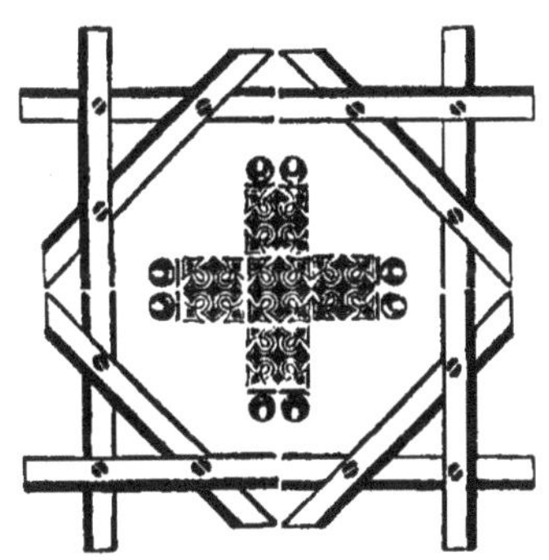

CHAPITRE VI

PERIODE FEODALE

Château

A l'est de Lespignan, sur une colline, existe un château qui appartient au régime féodal, occupant un emplacement considérable, dominant tout le village qui est sur le penchant et au pied de cette colline.

De là, le seigneur de Lespignan pouvait facilement voir tout le village et tous les environs jusqu'à Narbonne, ainsi que son château de Fleury (Aude) qui portait alors le nom de *Pérignan*, jusqu'à ce que la famille de Rosset devenue illustre par la nomination du cardinal de Fleury à la régence du royaume sous Louis XV, il fît son frère duc de Fleury.

Les choses les plus remarquables sont, outre la chapelle déjà décrite et située à l'est, le portail ou lá principale porte d'entrée, haute de 4 mètres 50 centimètres et large de 2 mètres 40 centimètres, en face d'une grande place dans le style ogival bien prononcé, avec une meurtrière digne d'attirer l'attention des connaisseurs. La pierre de cette porte, plus usée par le temps que celle de la façade, dénuée de ciment, tient comme par enchantement.

Sous la meurtrière était une barrière reposant sur une pierre à droite et à gauche. La pierre à droite, s'il faut en croire la tradition, servait de siège ou de sellette pour le rebelle condamné au carcan, et qui fut détruit en 1847. Au reste, on voit encore au-dessus de cette pierre, à hauteur convenable, le trou où était fixé l'anneau de la chaîne du carcan.

Le bâtiment est flanqué de deux tours carrées très hautes, dont les angles sont ornés de restes de figures d'animaux.

La tour du sud-est est décorée de trois fenêtres gothiques de différentes grandeurs, l'une d'un côté et deux de l'autre.

Entre ces deux tours, au milieu de l'édifice, était la porte d'entrée du jardin, couronnée d'un panier sculpté, construite en belle pierre dans le style ogival, d'une hauteur et d'une largeur considérables.

Ces tours sont de vraies fortifications ; mais tout indique que le seigneur se fortifiait sans rattacher ses moyens d'attaque ou de défense à aucun système général et que, sauf ces tours, tout le reste ne fut bâti que pour l'habitation de la famille seigneuriale et pour enfermer les denrées.

Les appartements, au sud-ouest, étaient vastes, avec lambris et poutres, chambranles de cheminées en marbre incarnat massif et ornées seulement de quelques moulures assez simples ; ils furent divisés, en 1830, par le propriétaire, en petits appartements.

La partie nord-est qui va jusqu'à la chapelle est en voûte ; là étaient probablement les caves.

La partie souterraine de la chapelle devait être le tombeau de la famille du seigneur.

L'édifice est consolidé par uu grand nombre d'arceaux ; on voit encore la grande cour avec son puits et le jardin, du côté du village qu'il domine.

Il existe au sud, près d'une tour, une porte carré-oblong, de moyenne grandeur, percée en 1703 dans le mur, pour descendre directement dans l'enceinte du village. A côté de cette porte subsiste encore un petit cachot très obscur où le seigneur faisait, dit-on, jeter les méchants.

Vis-à-vis du jardin se trouve, confrontant la rue allant au château, « un four banal à cuire pain *(sic)* », appartenant au seigneur.

Non loin du château, en face du portail, l'on voit de vastes édifices en voûte, qui servaient sans doute de ménagerie. Ils sont devenus la demeure de quelques habitants de la localité.

Les remparts très épais, dont il reste de nombreux vestiges, qui entouraient le village et qui avaient deux portes d'entrée ordinaires, l'une au sud : *Porte St-Pierre*, l'autre à l'ouest : *Porte de la Fontaine*, se rattachaient de chaque côté du château. Ils étaient entourés d'uu fossé dont on voit les restes à l'entrée du château, parce qu'il fut creusé dans le roc.

A signaler la trouée faite au rempart, qui porte encore aujourd'hui le nom de la *Brèche*, due à l'artillerie de S. M. Louis XIII qui, en 1632, fit le siège de Lespignan. Après le passage des troupes, les remparts n'ayant plus leur utilité première, il fut jugé inutile de réparer la trouée de la *Brèche*. D'après une pièce de comptabilité classée dans les archives communales, en l'an 1632, la commune de Lespignan a eu à loger l'artillerie du roi Louis XIII, et à payer une réquisition de quarante setiers de blé, dont le montant évalué à la somme de cent septante cinq francs fut empruntée à un M. de Saint-Just. (Note de M. Bernard, maire.)

On entrait dans le château par un pont très petit et très solidement construit. Un peu au-dessous du château, au nord-est, on aperçoit, mais coupé, près du chemin longeant les anciens remparts, un aqueduc en pierre bien bâti, haut de 1 mètre 70 centimètres, ayant plusieurs directions en s'éloignant du village. Il servait ou pour alimenter les habitants ou pour leur faciliter la fuite dans le besoin; d'après la chronique il aboutissait jusqu'au château même.

Tout le terrain qui était bon et grand appartenait au Seigneur, nommément celui de *Tagnel-Haut* et *Tagnel-Bas*. longeant à droite et à gauche le chemin de Béziers, l'*Angle de las Bores*, de son nom primitif *Joncs*, assez fertile aujourd'hui, ayant trois cents sétérées d'étendue; un beau *Parc* avec enclos, d'environ dix sétérées et y attenant un magnifique jardin ou parterre, tout près du village. Tous ces terrains sont devenus la propriété de plusieurs habitants qui ont construit, dans le quartier dit du Parc, de nombreuses et assez belles maisons donnant sur des rues spacieuses, droites et bien aérées.

A signaler la pierre sépulcrale en marbre noir, à vive arête, avec lettres dorées, d'un seigneur de Lespignan, M. Darène. qui fut transportée, en 1834, comme monument antique, d'une chapelle de la paroisse dans laquelle cette pierre jusqu'alors inconnue servait de piédestal à une statue de la Vierge, dans la sacristie de la même église paroissiale. Elle porte à l'intérieur et à l'extérieur les vestiges de plusieurs titres juxtaposés mais sans armoiries et sans que l'on connaisse le lieu précis où reposent les restes mortels de ce seigneur.

Voici l'inscription de la susdite tombe, qui a 50 centimètres de hauteur et 75 centimètres de largeur et que nous n'avons pu déchiffrer qu'avec une extrême difficulté, par suite de mutilations que lui firent subir, il y a une dizaine d'années, des vandales stupidement sacrilèges, qui espéraient trouver dans leur vol nocturne dans l'église quelque trésor enfoui ou bien oublié derrière cette plaque enfoncée dans le mur de la sacristie.

En voici la traduction :

« Fulcran Darène, chevalier des conseils royaux et pré-
» sident dans la suprême cour des comptes et subsides du
» fisc royal d'Occitanie, seigneur de ce lieu de Lespignan,
» il a vécu LVIII années, X mois, XXIV jours, il est dé-
» cédé le XIIIe du mois de septembre et l'an du Seigneur
» MDXCIII. Qu'il repose en paix !

» François Gaspard Darène, seigneur de Lespignan, son
» fils, président dans la même cour, a érigé ce monument
» éternel de son souvenir et de son respect. »

D. D. D.

FULCRANNY DARÈNE EQVES REGI A

CONSILIIS ET IN SUPREMA COMPTORVM

SVBSIDIORVM FIS-CI QVE REGII

OCCITANIŒ CVRIA – PRŒSES – DOMINVS

HVJVS LOCI DE LESPIGNANO, VIXIT

ANNOS LVIII, MENSES X^{em}, DIES XXIV,

OBIIT DIE XIII MENSIS SEPTEMBRIS

ANNO DOMINI

M. D. C. X C I I I

REQVIESCAT IN PACE

POSUIT FRANCISCVS GASPARDVS DARENE

FILIVS IN EADEM CVRIA PRŒSES

DOMINUS DE LESPIGNANO AD ŒTERNVM

OB – SERVANTIŒ ET REVERENTIŒ

SVŒ MONVMENTVM

CHAPITRE VII

COMPLEMENT

Sur le plateau tout près du village se touvent plusieurs *Moulins à Vent*, très anciens, un au nord, deux à l'est, enfin un quatrième ayant appartenu à l'hôpital de Béziers.

Ils sont abandonnés et ne servent guère plus que de refuge aux mendiants qui traversent la localité et qui en font leur gîte pour la nuit.

— Deux *Moulins à Huile*, situés dans l'enceinte du village, pareillement délaissés depuis 1809, époque de la mortalité des oliviers. Un seul de date plus récente, situé à l'ouest, suffit aux récoltes du pays.

— Au sud-ouest et au nord-ouest, deux *Fabriques d'Eau-de-Vie*, ayant un fossé d'écoulement en dehors des murs.

— Plusieurs jardins potagers approvisionnent le pays.

— Deux petites *Places* situées à peu près au centre du village.

— Une *Promenade* assez vaste, complantée d'arbres, se trouve au milieu de la localité.

— Les *Rues* de Lespignan sont assez bien percées et pavées. Les nouvelles artères autour des anciens remparts sont longues, droites et larges. Plusieurs projets de création de nouvelles rues, nécessitées par l'augmentation continue de la population sont à l'étude au Conseil municipal.

— Lespignan avait autrefois sa *Maison commune* tout près et au nord de l'église ; elle fut vendue en 1793 : depuis on loua une maison particulière qui servit de mairie jusqu'en 1827, époque où l'on construisit à l'extrémité nord de la Promenade une *Mairie* qui, reposant sur des bases trop fragiles, et par suite de l'affaissement du terrain, menaçant ruine, fut remplacée à côté par la Mairie actuelle plus commode et plus spacieuse.

— Elle abrite les *Ecoles communales* des enfants des deux sexes.

L'école des garçons est tenue par un directeur, M. Cros, et deux maîtres-adjoints, MM. Bezon et Pradal, dont l'un, M. Léon Bezon, nous a prêté un très gracieux et très intelligent concours pour certaines recherches nécessitées par cette étude ; nous devons lui offrir ici nos sentiments de reconnaissance. Tous d'ailleurs sont des instituteurs aussi dévoués qu'expérimentés.

L'école des filles, outre le Pensionnat dirigé par les Dames religieuses, l'est par une institutrice et son adjointe.

Nous ne pouvons pas clore la question des écoles sans saluer la mémoire ou le nom de vétérans de l'instruction publique ou privée dans Lespignan : MM. Barbe père et fils, M. Pierre Roger, M. Gratien Niel, professeur primaire et secondaire, qui dans ses loisirs fut favorisé de la visite des Muses françaises et patoises, ainsi que le témoigne le nombreux recueil de ses pièces en vers français et néo-romans, sur toute sorte de sujets, plusieurs couronnées par les Sociétés archéologiques, littéraires, scientifiques, artistiques de Béziers et par la *Campana de Magalouna*, « escola felibrenca de Mount-Pelié », ayant pour titres : *Au Vieux Pont romain de St-Thibéry*, *La Fenno morto dos fes*, *La Grâce et la Beauté*, *Extase*, *Une Promenade agreste*, *Le Sonnet*, *Lou Travalhadou* et diverses pièces de vers pour soirées et brillantes cavalcades de Lespignan.

Nous formons des vœux pour qu'un jour cet aimable poète si bien inspiré recueille en un faisceau toutes ses œuvres et les offre, en un volume, à ses compatriotes.

Que la génération présente d'hommes mûrs, formés par de tels maîtres, en garde le plus précieux et le plus reconnaissant souvenir, car ils ont donné le précepte et montré l'exemple.

Lespignan qui jadis n'était que de la banlieue de Béziers semble aujourd'hui en être devenu un faubourg à cause de la facilité de communication soit par la gare de Nissan à quatre kilomètres, soit par le service régulier et fréquent, sinon toujours commode, d'omnibus et de tramways, qui le relie quotidiennement à la ville.

Du reste, tout favorise l'illusion : nombreux magasins d'approvisionnements et de fournitures de toute sorte et de toute nature, éclairage au gaz, bureau de poste et de télégraphe, médecin, pharmacien, vétérinaire, tous les corps d'état y sont représentés, sans compter divers établissements très confortables où le voyageur peut se nourrir, se reposer et où le travailleur avisé, l'ouvrier économe ne doit pas trop souvent porter le prix de ses sueurs et le pain de sa famille.

Les arts y sont cultivés avec succès et des concerts y sont

parfois donnés les dimanches ou jours de fête, au kiosque de la Promenade devant la Mairie, par la société musicale *La Cigale* et l'orphéon *Les Enfants de l'Harmonie* qui, sous l'habile direction de leurs chefs et de leurs présidents, exécutent les morceaux de nos grands maîtres et ont obtenu dans de nombreux concours de hautes et flatteuses récompenses qui scintillent comme une constellation sur leurs riches bannières.

Naturellement le Lespignanais est industrieux et laborieux ; il a de l'intelligence et de la constanee, quand il le veut, pour réussir dans ce qu'il entreprend. Il a de l'indépendance dans le caractère et des muscles robustes dans les bras. Il se passionne facilement pour le travail et pour d'autres causes ou choses, et si tous portaient leur énergie vers la Religion, nous reviendrions bientôt et sans effort au temps heureux de ces ancêtres qui faisaient fleurir dans le pays cette foi catholique, seule source et unique principe de toute prospérité, de toute félicité pour l'individu, pour la famille et pour la société !

Quoi qu'il en soit, la commune n'est nullement divisée par des luttes politiques ou religieuses.

L'administration sage, impartiale, aussi intelligente que dévouée et prévoyante de M. Hippolyte Bernard, conseiller d'arrondissement, officier d'académie et maire, plusieurs fois réélu, assisté d'un adjoint possédant les mêmes qualités et vertus administratives que le maire, M. Zéphirin Vidal, et d'un excellent conseil municipal, tout dévoué à la chose publique, font régner l'ordre, la paix et la conciliation dans la localité, à tel point que les gendarmes n'y ont pas grande besogne à accomplir et que MM. du Parquet n'y font que de très rares et très courtes apparitions.

Il est vrai de dire que le terrain avait été admirablement préparé par MM. les Maires précédents et notamment M. Bonnal, qui porta l'écharpe municipale pendant plus d'un quart de siècle.

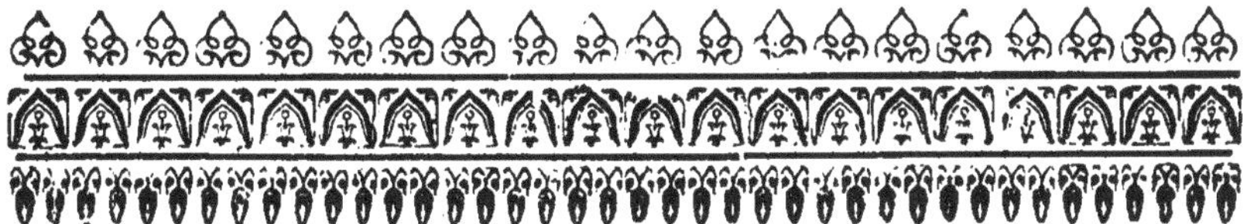

CHAPITRE VIII

CONCLUSION

Me voici arrivé à la dernière page de cet opuscule, elle pourrait bien en être la première.

Mon œuvre est terminée, mon but sera-t-il atteint ?

Quoi qu'il en soit, il me faut dire adieu à ce petit livre, mon doux compagnon depuis bien des jours, et le voir partir... Que dis-je ? Un livre est un fils, mais non un enfant, car il naît à l'âge adulte. Je suis rempli de confiance et sur son départ et sur votre accueil, chers Habitants de Lespignan; je vous connais et mon unique désir, ma seule ambition a été de vous être utile et agréable en groupant dans un même faisceau les documents épars çà et là de votre histoire locale.

Et pourquoi mon modeste exemple ne serait-il pas suivi? J'imite bien, moi, quoique très imparfaitement, je le confesse volontiers, celui de tant d'autres . Il faudrait que chaque diocèse, chaque département, chaque commune, chaque paroisse eût sa monographie. Ce serait une œuvre méritoire. N'est-ce pas l'histoire particulière ou locale qui fait l'histoire régionale et nationale ? *Interroga majores tuos et dicent tibi.*

Je voudrais que dans le passé vous interrogiez vos monuments, vos remparts, vos églises, vos croix, vos confréries, vos coutumes et usages, vos champs, vos ruines elles-mêmes, en un mot, tout ce dont j'ai essayé de faire revivre la mémoire et de vous retracer l'histoire. C'est là ce que les anciens appelaient les gloires des ancêtres, c'est-à-dire, celles qui sont attachées à leurs vertus, à leurs travaux, à leurs services, à toutes leurs œuvres, et de tous ces souvenirs, de tous ces actes, de tous ces êtres immatériels et matériels une voix intime sortira puissante pour vous dire ce que furent et ce que firent ceux dont vous portez aujourd'hui le nom, dont vous possédez l'héritage et dont vous occupez la place. Du sein de Dieu, ils vous disent : *Nous avons été ce que vous êtes, soyez ce que nous étions, vous deviendrez ce que nous sommes.*

« *Majores vestros et posteros cogitate.* »

C'est-à-dire, ne vivant pas seulement dans le *présent*, souvenez-vous d'*hier*, et pensez à *demain !*

APPENDICE

—

1601. Blanquier, prêtre.

1603. Nubel, prêtre secondaire.

1604. Cayrhol, prieur, Contir, prêtre secondaire.

1606. Clausel, curé ; Abbal, prêtre secondaire.

1614. Linies, curé.

1620. Malhabiou, curé.

1622. André, curé ; Vernet, vicaire.

1623. Delcayret, prieur ; Purit, vicaire.

1624. Dubrégé, curé ; Faucil, vicaire.

1625. Faucil, curé ; Séguié, vicaire.

1628. Astrug, secondaire.

1629. Faucil, curé-prieur ; Bescaire, vicaire.

1633. Fornier, prêtre.

1635. Vidal, secondaire.

1638. Ant. Merlé, secondaire

1641. Alanard, prêtre ou secondaire.

1642. Joubran, prêtre ou secondaire.

1646. Bourgas, prêtre ou secondaire.

1649. Cassounols, prêtre ou secondaire.

1650. Froment, prêtre ou secondaire.

1653. Vidal, curé ; Ramondenc, prêtre.

1654. Gabriel de Vidal de Ramondenc, curé.
     Lasteules, prieur.
1659. Ant. Merlé, curé.
1667. Brieude, curé.
1678. Lautard, prêtre secondaire.
1679. Jourdan, prieur,
1681. Parral, curé.
1683. Magarde, vicaire.
1685. Bousquet, curé.
1686. Bouchard, prieur; Doumayron, curé.
1688. Médailhe, prieur-curé; Meyrinhac, prêtre.
1698. Bibal, secondaire.
1699. Lunaret, vicaire.
1701. Malhac, vicaire.
1702. Lavit, vicaire.
1704. Bessodés, vicaire.
1707. Boutes, vicaire.
1710. Bousquet, curé.
1712. De 1712 à 1741, un des Messieurs du clergé de Bé-
     ziers était prieur de Lespignan; Alazard, vicaire.
1715. Nicher, secondaire.
1716. Dalichoux, secondaire.
1716. Gazaignes, secondaire
1717. Massot, secondaire,
1719. Faure, secondaire.
1721. Gautier, secondaire.
1724. Crouzoie, secondaire.
1726. Conrad, secondaire.
1728. Négrou, curé; Roussinhol, vicaire.
1732. Crouzoie, vicaire.
1735. Raoul, secondaire.

1737. Bot, vicaire.

1738. Raynard, vicaire.

1739. Granier, vicaire.

1741. Orcellet, prieur, p^tre de la Mission ; P. Prades, vic^ee.

1742. Congrégation de la Mission ; Fourés, secondaire.

1743. Guibert, vicaire.

1744. Pargoire, vicaire.

1746. Guillien, vicaire.

1748. Orliac, vicaire.

1749. Rouvière, curé.

1751. Orliac, curé ; frère Salvien Iscar, récolet, vicaire.

1775. Martin, vicaire.

1756. Ciffre, curé.

1757. Julien, vicaire,

1758. Mathieu, curé (5 mois); Gondret, curé.

1759. Galtier, vicaire.

1760. Coutouly, vicaire.

1761. Père Charles-Marie Darmolis, récolet, vicaire.

1762. Frère Michel-Ange Giniés, récolet, vicaire.

1764. Pastre, vicaire.

1766. Sallèles, vicaire.

1767. Frère Martin, capucin, vicaire.

1768. Frère Bruno, capucin, vicaire.

1769. Frère Joseph, capucin, vicaire.

1770. Frère Jacques, capucin, vicaire.

1771. Frère Charles-Joseph, capucin, vicaire.

1772. Frère Aphrodise, capucin, vicaire.

1773. Aymat, vicaire.

1773. Gept, vicaire.

1774. Barthès, vicaire.

1775. Villebrun, vicaire.

1776. Gaude, vicaire.

1777. Boissié, vicaire.
1780. Raymond, vicaire ; Blay, vicaire.
1782. Blanc, vicaire.
1783. Odezenc, vicaire ; Eustache, vicaire.
1784. Chaulan, vicaire ; Bertrand, vicaire ; Lagreffe, vic^re.
1786. Blay, vicaire.
1788. Pigot, vicaire.
1790. Mourgués, vicaire.
1791. Buscailhon, curé, prêtre assermenté, au traitement
        de 1.200 francs.
1793. *Schismatiques.*
1803. Malaret, curé catholique.
1816. Vidal, curé.
1827. Millié, curé.
1860. Cavalier curé.
1868. Bascoul, curé.
1869. Arribat, curé.
1877. Azéma, curé.
1883. Bourdel, curé,
1889. Th. Durand, curé.
1895. J. Coulondre, curé.

ETAT NOMINATIF DES CONSULS, MAIRES ET ADJOINTS DE
1610 A 1895

1610. Durand Antoine, consul.
       Ramondenq Noël, consul,
       Calviar Antoine, consul *.

. . . .

* Noms gravés sur le bloc de marbre armorié, trouvé à Montady.

1698. Sabatier, 1er consul.

1702. Roizard, consul.

1703. Maussac, 1er consul.

1705. Ponsonailhe Viguier, 1er consul.
Crassous, 2me consul.
Merle, 3me consul.

1707. Gausselin, 1er consul.

1763. Bouïsson Jean, 1er consul.
Viguier, 2me consul.

1775. Berthuel Pierre, consul et maire.
Roizard, 2me consul, adjoint.

1790. Bataillé, maire ; Rougette, secrétaire général, adjoint.

1791. Ponsonailhe Guillaume, maire.
Capdeville Jean, adjoint.

1803. Capdeville Jean, maire.

1803. Capdeville (sans prénom), adjoint.

1814. Michelet Bazile, maire.
Miramont, adjoint.

1816. Ponsonailhe Louis, maire.
Ramel, adjoint.

1832. Delon Bernard, maire.
Bernard Hippolyte, adjoint.

1834 Rouvière Benoît, maire.
Cayrol Pierre, adjoint.

1835. Ponsonailhe Louis, maire.
Cayrol Pierre, adjoint.

1840. Bernard Hippolyte, maire.
Cayrol Pierre, adjoint.

1849. Orliac Louis, adjoint, en l'absence du maire.
Viguier Joseph, maire.

1852. Capdeville Henri, maire.
Crassous Jean-Baptiste, adjoint.

1856. Bonnal Justin, maire.
Berthuel Benjamin, Vidal Pierre, adjoints.
1878. Berthuel Benjamin, maire.
Miramont Raynaud, Crubézi Baptiste, adjoints.
1882. Bernard Hippolyte, maire.
Vidal Zéphirin, adjoint.

NOMS DES PRINCIPAUX HABITANTS DE LESPIGNAN Y DOMICILIÉS EN 1690 ET AUTRES ANCIENNES ANNÉES

Au vieux registre de 1690 des actes de la confrérie de St-Michel, nous lisons des noms; avec celui de *Jean Médaille*, prieur, ceux de *François Crassous, Jean Camps*, prévots de la dite année, de *Dominique Merle* et *François Gasq*, auditeurs des comptes, et ceux des confrères *Blanquié* et *Jean Couderq*, signés.

Et ont signé aux actes des années :

1698. Edome Jouanneau, P. Orliac, François Gaussely et François Pagés.
1699. Merle Miramon, Gabriel Adrech, etc.
1711. N. Crassous, Guillaume Raynaud, Pierre Bermond, François Vidal, Vitou Blanquié, Miramon, Sambylhe, Pierre Carrière.
1714. Bringuier, Cairol, Gardies, Sénégas, Jean Nègre.
1724. Martin, Capdeville, Jeannet.

Noms des principaux habitants de Lespignan, y domiciliés en 1718. Extrait d'autres registres :

Messire François Gaspard Darène, chevalier, conseiller du Roy, président en la souveraine cour des comptes, aydes et finances de Montpellier, seigneur de Lespignan.

— Noble Hercule de Vestric.

— Noble François de Moiriac et dame Jeanne de Baboulet, son épouse.

— Sr Pierre Boisard, m. chirurgien.

— M. le Prieur de Lespignan.

CAHIER DES H^{ants} *(sic)* FORAINS, EN 1718

Mgr l'Evêque de Béziers.

— Noble Jacques de Maussac, à Corneillan.

— Dame Claire de Baboulet, veuve de Noble François de Maureilhan, seigneur de Poilhes.

— MM. de Poussan, Rousset et Souchon.

— M. le baron de Pérignan.

— Noble Cabreroles Valat de Poussan.

— Monsieur Causse.

— M. André Commolet, capitaine de Dragons.

— M. Jean Louis d'Affics, correcteur.

— Noble de Boide, seigneur de la Bistoule.

— M. Jean Castel, procureur, et D^{lle} Agnès de Causse, son épouse.

— M. Mouton, receveur des décimes.

— MM. de Berti, de Cristini, con^r.

— D^{lle} Marie de Fleirés.

— M. de Lautrec, ad.

— M. Causse, prêtre et prieur de St-Julien.

— L'Hôpital Général.

— L'Hôpital Mage, de Béziers.

— M. Latour, consul perpétuel de Béziers.

— M. le Prieur de St-Aubin.

— M. de Cassan.

— M. Jean Louis de Franc.

— M. de la Pucelle.

TABLE DES MATIERES

ERRATUM

Page 58, dernière ligne, lire : litres juxtaposées.... *au lieu de :* titres juxtaposés....

Légende

Agglomération du Village Lespignan
Collines
Voies de Communications
Cours d'eau
Cimetière, Moulins

1 K   2 K

Dressé par L. Bezon
1895

Vieux Lit d'Aude

C. de Salles
d'Aude

PLAN D'ENSEMBLE
DE LA COMMUNE
· DE ·
LESPIGNAN (Hérault).
1895

C. de · Colombiers   C. de Béziers.

Commune de

nationale

Etang   St Paul
Mt Rouvière   Plateau de St Paul   Estang Lespignan   Catet

St Aubin   R. de la
Vallée   Pech Aqut
de la · Dure   Madeleine

R. C. de Nissan
Ch. de Colombiers   Garrigue

Coumoulette   Jardin Wiquier
Pech Majou   Ch. de Vendres
ancien ch. de
Vendres
Plateau des
Moulins

Nissan

canal

canal du Bassot

Gd Chemin   Pech
Gd Chemin no 31   de l'Euze
Clotinières   Chemin de Vivios

P   L   A   I   N   E

dit   de   la Matte

Vestiges romains
Vivios
Commune   Ec. de Fleury à Vendres   Vieux Lit d'Aude

Chemin   Vieux Lit d'Aude
de   halage
Rivière   de   d'Aude   d'Aude
Fleury

C. de Vendres.

PLANCHE I

IGNAN
LESP

Armoiries extraites d'un registre des Délibérations
de 1631

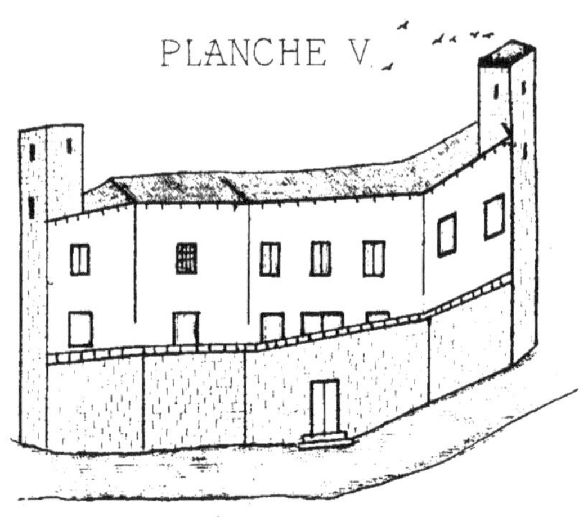

CHATEAU·DE LESPIGNAN
(HÉRAULT)
Vue prise du Sud-Ouest

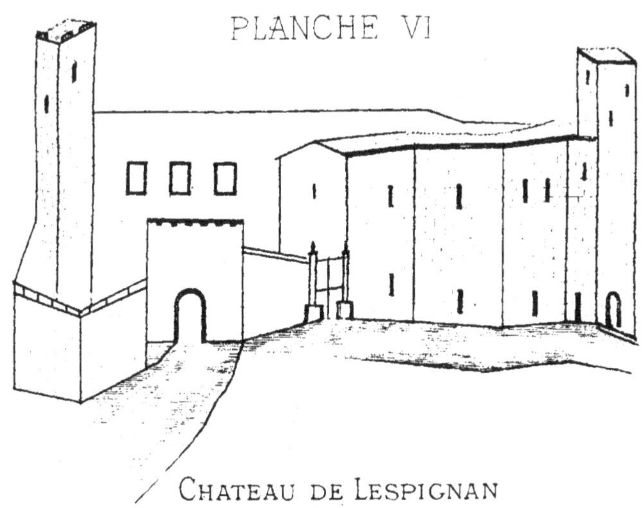

CHATEAU DE LESPIGNAN
(HÉRAULT)
Vue prise du Nord-Est

9 782019 181338